华侨大学 哲学社会科学文库·管理学系列

海外华侨华人网络
与中国企业"走出去"绩效研究

OVERSEAS CHINESE NETWORK AND
OFDI PERFORMANCE OF CHINESE FIRMS

衣长军　张吉鹏　著

社会科学文献出版社
SOCIAL SCIENCES ACADEMIC PRESS (CHINA)

本书受国家社科基金重点项目"全球华侨华人网络对中国跨国企业子公司生存与国际竞争新优势影响研究"（项目编号：18AGL004）资助

构建原创性学术平台　打造新时代精品力作

——《华侨大学哲学社会科学文库》总序

习近平总书记在哲学社会科学工作座谈会上提出："哲学社会科学是人们认识世界、改造世界的重要工具，是推动历史发展和社会进步的重要力量。"中国特色社会主义建设已经进入新时代，我国社会的主要矛盾已经发生变化，要把握这一变化的新特点，将党的十九大描绘的决胜全面建成小康社会、夺取新时代中国特色社会主义伟大胜利的宏伟蓝图变为现实，迫切需要哲学社会科学的发展和支撑，需要加快构建中国特色哲学社会科学。当前我国的哲学社会科学事业已经进入大繁荣大发展时期，党和国家对哲学社会科学事业的投入不断增加，伴随我国社会的转型、经济的高质量发展，对于哲学社会科学优秀成果的需求也日益增长，可以说，当代的哲学社会科学研究迎来了前所未有的发展机遇与挑战。

构建中国特色哲学社会科学，必须以习近平新时代中国特色社会主义思想为指导，坚持"以人民为中心"的根本立场，围绕我国和世界面临的重大理论和现实问题，努力打造体现中国特色、中国风格、中国气派的哲学社会科学精品力作，提升中华文化软实力。要推出具有时代价值和中国特色的优秀作品，必须发挥广大学者的主体作用，必须为哲学社会科学工作者提供广阔的发展平台。今天，这样一个广阔的发展平台正在被搭建起来。

华侨大学是我国著名的华侨高等学府，多年来始终坚持走内涵发展、特色发展之路，注重发挥比较优势，在为侨服务、传播中华文化的过程中，形成了深厚的人文底蕴和独特的发展模式。新时代，我校审时度势，积极融入构建中国特色哲学社会科学的伟大事业中，努力为学者发挥创造力、打造精品力作提供优质平台，一大批优秀成果得以涌现。依托侨校的天然优势，以"为侨服务、传播中华文化"为宗旨，华侨大学积极承担涉侨研究，努力打造具有侨校特色的新型智库，在海外华文教育、侨务理论与政策、侨务公共外交、华商研究、海上丝绸之路研究、东南亚国别与区域研究、海外宗教文化研究等诸多领域形成具有特色的研究方向，推出了以《华侨华人蓝皮书：华侨华人研究报告》《世界华文教育年鉴》《泰国蓝皮书：泰国研究报告》《海丝蓝皮书：21 世纪海上丝绸之路研究报告》等为代表的一系列标志性成果。

围绕党和国家加快构建中国特色哲学社会科学、繁荣哲学社会科学的重大历史任务，华侨大学颁布实施"华侨大学哲学社会科学繁荣计划"，作为学校哲学社会科学的行动纲领和大平台，切实推进和保障了学校哲学社会科学事业的繁荣发展。"华侨大学哲学社会科学学术著作专项资助计划"是"华侨大学哲学社会科学繁荣计划"的子计划，旨在产出一批在国内外有较大影响力的高水平原创性研究成果。作为此资助计划的重要成果——《华侨大学哲学社会科学文库》已推出一批具有相当学术参考价值的学术著作。这些著作凝聚着华侨大学人文学者的心力与智慧，充分体现了他们多年围绕重大理论与现实问题进行的研判与思考，得到同行学术共同体的认可和好评，其社会影响力逐渐显现。

《华侨大学哲学社会科学文库》丛书按学科划分为哲学、法学、经济学、管理学、文学、历史学、艺术学、教育学 8 个系列，内容涵盖马克思主义理论、哲学、法学、应用经济、国际政治、华商研究、旅游管理、依法治国、中华文化研究、海外华文教育、"一带一路"等基础理论与特色研究，其选题紧扣时代问题和人民需求，致力于解决新时代面临的新问题、新困境，其成果直接或间接服务于国家侨务事业和经济社会发展，服务于国家华文教育事业与中华文化软实力的提升。可以说，该文库是华侨大学展示自身哲学社会科学研究力、创造力、价值引领力的原创学术平台。

"华侨大学哲学社会科学繁荣计划"的实施成效显著，学校的文科整体实力明显提升，一大批高水平研究成果相继问世。凝结着华侨大学学者智慧的《华侨大学哲学社会科学文库》丛书的继续出版，必将鼓励更多的哲学社会科学工作者尤其是青年教师勇攀学术高峰，努力打造更多的造福于国家与人民的精品力作。

最后，让我们共同期待更多的优秀作品在《华侨大学哲学社会科学文库》这一优质平台上出版，为新时代决胜全面建成小康社会、开启全面建设社会主义现代化国家新征程作出更大的贡献。

我们将以更大的决心、更宽广的视野、更精心的设计、更有效的措施、更优质的服务，加快华侨大学哲学社会科学的繁荣发展，更好地履行"两个面向"的办学使命，早日将华侨大学建成特色鲜明、海内外著名的高水平大学！

华侨大学校长　徐西鹏

2018 年 11 月 22 日

摘　要

作为社会关系网络的海外华侨华人群体具有本土化与国际化双重特征，中国跨国企业海外子公司自然会嵌入东道国华侨华人网络之中，这是中国企业"走出去"的一个天然优势。在中国企业对外直接投资（OFDI）加速发展的背景下，学术界对海外华侨华人网络在企业"走出去"中的重要作用已经有所关注，但从研究广度、深度上看仍倾向于研究海外华侨华人网络对中国企业 OFDI 区位选择的影响，而较少关注其对 OFDI 投资效果的影响。本书重点关注 OFDI 企业"走出去"以后与海外华侨华人网络的互动过程，聚焦海外华侨华人网络如何影响中国跨国企业海外子公司绩效和逆向技术创新效应，主要研究工作和研究结论如下。

第一，与已有利用宏观层面数据研究结果一致，利用上市公司企业层面数据和计数模型检验发现，东道国华侨华人网络显著促进了中国企业的 OFDI。文化和制度距离的调节效应检验发现，在那些与中国文化距离较大的东道国，海外华侨华人网络对中国企业 OFDI 的促进效应更强。

第二，海外子公司取得较好的财务绩效是"走下去"（生存绩效）和"走上去"（获取国际竞争新优势）的前提条件。基于问卷调查数据和 fsQCA 方法，对海外华侨华人网络嵌入度与组织学习和多维国家距离影响海外子公司财务绩效前因条件组态研究发现，与海外华侨华人网络保持良好的结构性嵌入对提升海外子公司绩效具有重要作用，它是高绩效的 6 个解决方案中 5 个方案的核心条件。当东道国和母国之间文化距离较小的时候，高绩效的海外子公司往往只与海外华侨华人网络保持某一种嵌入关系，即适度的嵌入更有利于企业取得高绩效。外部网络嵌入对海外子公司绩效的提升作用存在最优解，即两者之间不能太松导致无法形成关系，也不能太紧导致过度依赖。

第三，基于 Cox 生存分析模型的检验结果表明，海外华侨华人网络正向影响海外子公司生存绩效。中介效应检验发现，在海外华侨华人网络丰富的东道国，中国跨国企业海外子公司更倾向于选择绿地投资模式，进而有更高的生存绩效。

第四，采用最小二乘法 OLS 和工具变量 GMM 方法对海外华侨华人网络、组织学习与中国企业 OFDI 逆向技术创新效应的关系进行实证检验发现，海外华侨华人网络与企业 OFDI 逆向技术创新效应之间存在非线性"倒 U 形"关系，海外华侨华人网络对企业 OFDI 创新效应的影响存在"过犹不及"现象。组织学习能够调节海外华侨华人网络对企业 OFDI 逆向技术创新效应的影响。与利用式学习相比，探索式学习更能负向调节海外华侨华人网络与企业 OFDI 逆向技术创新效应之间的"倒 U 形"关系。进一步研究表明：海外华侨华人网络与企业 OFDI 逆向技术溢出效应之间的关系存在动态性，海外华侨华人网络对企业 OFDI 逆向技术溢出效应的正向影响随着 OFDI 持续期的延长而逐渐转为负向影响；相比于 OFDI 持续期长的企业而言，OFDI 持续期短的企业的 OFDI 逆向技术溢出效应受到华侨华人网络强度的影响更大。

第五，基于扎根理论探索华侨华人和中国"走出去"企业合作动因以及二者合作效果影响因素，发现发展期望和需求是二者合作关系建立的内在驱动力，"一带一路"带来的机遇是二者合作的外在吸引力。华侨华人合作禀赋和期望与中国"走出去"企业合作禀赋和期望，是双方建立合作关系的基础。合作禀赋与合作期望不匹配以及不利的外部环境是导致双方合作面临困境的主要原因。

与中国企业 OFDI 加速发展和政府政策的重视形成鲜明对比的是，中国企业"走出去"的经营成效并不乐观。在中国企业加快"走出去"步伐的同时，每年也有大量海外子公司没能"走下去"，更没能"走上去"，海外子公司生存率和国际竞争新优势（即创新能力）并不理想。海外华侨华人网络对于提升中国跨国企业海外子公司绩效和国际竞争新优势具有重要的意义。政府部门应重视对全球海外华侨华人网络这一非正式制度安排的组织与利用，充分发挥广大海外侨胞和归侨侨眷在中国企业"走出去"过程中的桥梁纽带作用，在企业与华侨华人网络之间构建更为直接便利的交流平台，这将有助于中国企业克服跨国投资障碍，提高投资绩效。海外华侨华人与我国具有天然的联系，在我国企业 OFDI 过程中可发挥重要作用。在投资决策阶段，应充分考虑海外华侨华人网络因素的影响；在海外经营过程中，应该积极建立东道国海外华侨华人网络之间的联系，充分利用政府提供的交流平台；正确处理与东道国企业的关系，应当注意到海外华侨华人网络与 OFDI 逆向技术创新效应存在明显的非线性关系，适度地嵌入华侨华人网络，避免"过犹不及"。

关键词：华侨华人网络　对外直接投资　海外子公司生存绩效　逆向技术创新效应

序　一

我国经济由高速增长转变为中高速增长，引起了结构和增长动力的变化。这种经济增速变化带来的结构和增长动力的变化，意味着不能再沿用传统的投入、扩张方式来追求以往的高速度，而必须更多地依靠转变经济发展方式，更多地依靠结构调整优化和增长动力转换。资本、劳动、土地等要素投入的驱动作用下降，技术、管理、市场、体制等创新的驱动作用上升。对外直接投资在支持国内经济中高速增长、结构优化升级和增长动力转换中起着重要的作用。近年来，我国对外直接投资快速增长。面向"新常态"的对外直接投资取向，就是要适应经济发展"新常态"的需要，符合经济"新常态"的趋势和特点。对外直接投资对宏观经济增长和微观企业效率的影响是重要的研究课题。衣长军教授等长期关注对外直接投资领域的研究，取得了一系列颇有价值的研究成果。

中国企业在加快"走出去"步伐的同时，其海外子公司生存率和国际竞争新优势形成并不理想。如何发挥新时代海外华侨华人网络在对外直接投资中的独特优势与价值已经是摆在政界、商界和学界面前的重要课题。作为受国家社科基金重点项目资助的成果，本书对海外华侨华人网络如何影响中国跨国企业海外子公司绩效和逆向技术创新效应进行了深入研究，并提出了促进中国跨国企业"走下去"与"走上去"的政策和管理建议，具有重要的理论价值与现实意义。

衣长军教授等的研究重点关注中国企业"走出去"以后与海外华侨华人网络的互动过程，遵循"海外华侨华人网络是否影响中国企业对外直接投资决策"（第3章）→"海外华侨华人网络嵌入如何影响中国跨国企业海外子公司财务绩效"（第4章）→"海外华侨华人网络对中国跨国企业海外子公司生存的影响"（第 5 章）→"海外华侨华人网络与中国跨国企业国际竞争新优势"（第 6 章）→"海外华侨华人与中国'走出去'企业合作机制研究"（第 7 章）这一研究逻辑，并根据不同的研究问题选择合适的研究样本、研究数据和研究方法，无论是在研究内容还是在研究方法方面，都具有一定的超前性、创新性和科学性。不仅有助于揭示影响跨国企业海外子公司绩效和对外直接投资创新效应的"黑匣子"，其研究结论以及学术观点也能为国家制定相关政策提供实践参考。作为一本学术专著，其理论和实证分析严密，在一定程度上填补了海外华侨华人网络与中国企业对外直接投资相关研究的空白，适合对相关领域感兴趣的研究者、政府有关部门以及企业管理者使用。作为本书研究的见证者，我郑重向大家推荐。

郭克莎

序　二

在中国改革开放的进程中，海外华侨华人发挥了不可替代的重要作用。在"引进来"时期，海外华商是内地最主要的外商投资来源。在"走出去"的新阶段，海外华侨华人也是开放的中国大陆与世界的一座桥梁，从"以侨引外"到"以侨联外"，走上这座桥，中国企业走向更为广阔的空间。"走出去"可以通过积极参与国际分工之下的全球化资源配置来提高中国企业的竞争力。中国企业"走出去"已成为大势所趋。由于中国企业国际化经验不足，海外华侨华人是中国企业的重要合作伙伴与媒介。在中国企业"走出去"进程中，海外华侨华人将成为中国企业借助和参与的资源，成为便捷的桥梁与重要的纽带。研究海外华侨华人网络如何影响中国企业"走出去"是一个具有重要理论和现实意义的课题。

目前，学术界对海外华侨华人网络在企业"走出去"中的重要作用已经有所关注，但在研究广度、深度上仍倾向于研究海外华侨华人网络对中国企业对外直接投资区位选择的影响，而较少关注其对对外直接投资效果的影响，研究华侨华人网络对中国跨国企业海外子公司财务绩效、生存绩效以及创新绩效影响的文献鲜见。衣长军教授等的著作关注海外华侨华人网络对企业"走出去"之后的绩效与国际竞争新优势的影响，其研究视角和研究内容新颖，具有重要的学术价值和政策意义。本书研究发现，海外华侨华人网络对中国跨国企业海外子公司财务绩效和生存绩效具有正向的影响，但海外华侨华人网络与中国企业对外直接投资逆向技术创新效应之间存在"倒 U 形"关系，这一结论表明海外华侨华人网络对中国跨国企业对外直接投资创新绩效的影响可能存在"嵌入悖论"，对于相关研究具有重要启示。本书还基于扎根理论探索海外华侨华人和中国"走出去"企业合作动因以及二者合作效果影响因素，发现二者合作的动力是发展期望和需求，而导致双方合作面临困境的主要因素是合作禀赋与合作期望不匹配以及不利的外部环境。这些研究结论也丰富了对华侨华人和中国"走出去"企业合作关系的理解。

近年来，随着中国的崛起，海外华侨华人在世界经济发展中扮演着越来越重要的角色，海外华侨华人成为中国"软实力"的重要组成部分。研究海外华侨华人对中国经济和中国企业国际化战略的影响是一个方兴未艾的重要课题。衣长军教授等的著作是这一研究课题下的重要成果，希望该著作的出版能推进相关研究。

龙登高

目　录

第1章　导论

1.1　研究背景及意义

1.1.1　研究背景

随着经济全球化的发展，我国企业"走出去"的步伐日益加快。十多年来，中国企业对外直接投资（OFDI，Outward Foreign Direct Investment）以平均39.96%的速度增长（见图1－1），中国已进入双向直接投资格局下资本净输出的时代。推动开放型经济加快由要素驱动向创新驱动转变，由以成本优势为主向以创新能力为核心的国际竞争新优势转变，已经成为新时代中国推进"走出去"战略的重要目标之一。党的十九大报告也强调要"创新对外投资方式"，"加快培育国际经济合作和竞争新优势"。然而，与中国企业OFDI加速发展和政府政策的重视形成鲜明对比的是，中国企业"走出去"的经营成效并不乐观。事实上，在中国企业加快"走出去"步伐的同时，每年也有大量海外子公司没能"走下去"（生存绩效），更没能"走上去"（国际竞争新优势），海外子公司存活率

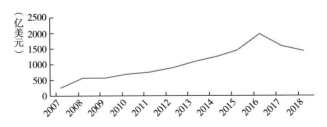

图1－1　2007～2018年中国对外直接投资流量情况

资料来源：历年《中国对外直接投资统计公报》。

和国际竞争新优势（即创新能力）并不理想。

全球海外华侨华人有 6000 多万，海外华侨华人社团网络逾 2.5 万个，作为社会关系网络的海外华侨华人群体具有本土化与国际化双重特征，中国企业海外子公司自然会嵌入东道国华侨华人网络之中，这是中国企业"走出去"的一个天然优势。中国从官方到民间都希望海外华侨华人网络能够为中国企业 OFDI "牵线搭桥"。但是学术界对海外华侨华人网络如何影响中国企业"走出去"的进程还缺乏深入的、机理性的剖析和思考。在此背景下，研究分布全球的海外华侨华人网络对中国跨国企业海外子公司绩效和创新能力影响的机制机理，探究中国跨国企业既要"走出去"，还要"走下去"与"走上去"的政策和管理建议则具有重要的理论价值与现实意义。

目前，学术界对海外华侨华人网络在企业"走出去"中的重要作用已经有所关注。但从研究广度、深度上看仍倾向于研究海外华侨华人网络对中国企业 OFDI 区位选择的影响，而较少关注其对 OFDI 投资效果的影响，存在以下研究缺口。（1）海外子公司取得较好的财务绩效是"走下去"和"走上去"的前提条件，目前关注中国跨国企业海外子公司财务绩效影响因素的文献相对较少，研究华侨华人网络对中国跨国企业海外子公司财务绩效影响的文献更是鲜见。（2）近年来，中国跨国企业海外子公司生存问题吸引了国内学者的注意，如衣长军等（2020）检验了制度距离对中国跨国企业海外子公司生存的影响，但目前尚未有文献就华侨华人网络如何影响中国跨国企业海外子公司的生存进行研究。（3）通过 OFDI 获取逆向技术外溢效应，构建国际竞争新优势是中国企业 OFDI 的重要动机，海外华侨华人网络如何影响中国企业 OFDI 逆向技术溢出效应是一个重要的研究主题。衣长军等（2017）考察了海外华侨华人网络与企业 OFDI 逆向技术溢出效应的关系，提出海外华侨华人网络与 OFDI 逆向技术溢出之间并不是简单的线性关系的结论，但该文未从理论上论述华侨华人网络影响 OFDI 逆向技术溢出效应的机制，对华侨华人网络代理变量的选取、组织学习调节机理和内生性问题等方面也尚未深入研究。针对以上研究缺口，本书基于华侨华人网络的视角，以中国跨国企业及其海外子公司为研究对象，聚焦海外华侨华人网络如何影响中国跨国企业海外子公司绩效和逆向技术创新效应，不仅有助于揭示影响跨国企业海外子公司绩效和 OFDI 创新效应的"黑匣子"，同时也能为国家制定相关促进政策提供重要的理论依据和实践参考。

1.1.2　研究意义

首先，在宏观政策层面，研究结论能为制定发挥全球华人网络优势、提高中国跨国企业海外子公司生存率和逆向技术创新效应，促进中国企业"走下去"和"走上去"的政策提供决策依据；其次，在微观企业决策层面，能为中国企业提供利用全球华人网络融入东道国市场，克服知识与经验不足的劣势，提高国际市场生存绩效和创新绩效的实务建议；最后，为中国企业根据东道国华人网络与相关权变因素来选择合适 OFDI 区位提供实务建议。

海外华侨华人网络在中国企业"走出去"中的重要作用已经得到了社会各界的认可，从官方到民间都希望海外华侨华人网络能为中国企业"走出去"牵线搭桥，提供帮助。已有文献对海外华侨华人网络如何影响中国企业 OFDI 区位选择进行了较为丰富的研究，但很少关注海外华侨华人网络对企业"走出去"之后的绩效与国际竞争新优势的影响。本书重点关注 OFDI 企业"走出去"以后与海外华侨华人网络的互动过程，聚焦海外华侨华人网络如何影响中国跨国企业海外子公司绩效和逆向技术创新效应，拓展了海外华侨华人网络对中国企业 OFDI 影响的研究文献。本书还丰富了新兴市场国家企业 OFDI 研究文献。

1.2　概念界定

1.2.1　对外直接投资

对外直接投资（又称跨国直接投资或海外直接投资），是资本在国际范围内运动的高级形式。从资本运动的发展进程来看，首先表现为商品资本的跨国运动即商品的国际出口贸易；其次表现为货币金融资本的跨国运动即国际间接投资，包括提供长期国际金融贷款和国际有价证券投资等形式；最后表现为生产资本的跨国运动即OFDI。在OFDI进程中，除了商品和资本的跨国运动，还伴随着跨国企业管理团队经验和管理技术的沟通与交流、技术与知识的转移、吸收、溢出与扩散等。因此OFDI是一种比较复杂的国际经济现象。

OFDI的复杂性和研究者立场差异导致学术界、企业界、政界和非政府组织等机构的对OFDI的理解和界定的多样性。代表性的观点有国际货币基金组织（IMF）、联合国贸易和发展会议（UNCTAD）以及《新帕尔格雷夫经济学大辞典》对OFDI的概念界定等。强调对海外子公司的管理权和获利性是国际货币基金组织、联合国贸易和发展会议对OFDI的主要观点，而《新帕尔格雷夫经济学大辞典》的解释则将重心放在OFDI的特征方面。相比之下，我国商务部"对外直接投资统计制度"给出的解释更具体全面。

笔者认为OFDI是指境内企业通过新建或兼并收购等形式，掌控海外子公司经营管理与所有权，以获取与提升国际竞争优势为目的（具体表现为获取资源、技术和能力，或者是取得持续利润、市场占有率和品牌忠诚度等）的国（境）外投资活动。

1.2.2　海外华侨华人网络

族群网络是由共同的种族、地缘或信仰为纽带而形成的社会关系群体或社会网络，它通常是指某个国家或地区的移民网络（Migrant Networks）。中国作为重要的移民输出国，由海外华侨华人所组成的族群网络也逐渐成为学术界关注的热点。现有研究表明，海外华侨华人投资者能够运用基于血缘和地缘等所建立的关系网络，实现信息共享和传播，克服非正式壁垒，进而促进中国的直接投资（Jean等，2011）。阎大颖等（2013）将这种关系网络称为海外华人网络，是指海外华人以亲密的血缘关系（同一祖籍地）为基础而形成的正式或非正式联盟网络。海外华侨华人网络是世界各地华商进行联系沟通的重要纽带，也是其相互之间开展业务往来、进行信息共享和资源流动的重要渠道，影响着华人企业的跨国经营。由于海外华侨华人通常借助族群网络从事跨国商业活动，因此也有学者把海外华侨华人网络称为海外华商网络。

本书所提海外华侨华人网络是指海外华侨华人以亲缘、地缘、神缘、业缘和物缘"五缘"文化关系为基础和纽带，并依据中国传统文化维系和不断扩大的泛商业网络（龙登高，1998；周聿峨和罗俊翀，2008；李鸿阶和廖萌，2018；蒙英华，2009；庄国土，2011；陈肖英，2017）。

对于华侨华人网络的测量，学术界还没有形成一致的方法。目前主要有两种方式：一种是借鉴 Gao（2003）的方法，以海外华人人口比例或存量作为衡量海外华人网络密度的指标（林勇，2007；贺书锋和郭羽诞，2010；李凝和胡日东，2014）；另一种是运用东道国移民数据来测度海外华侨华人网络。蒙英华等（2015）、范兆斌和杨俊（2015）用本国当期的东道国华人移民存量衡量海外移民网络，移民存量越大，表示该东道国的移民网络强度越大。赵永亮和刘德学（2009）、王云飞和杨希燕（2015）借鉴 Rauch 和 Trindade（1999）的方法，使用东道国华人移民人口占东道国人口比例与当年中国华人人口占中国总人口的比例的乘积衡量东道国的华侨华人网络。王疆和陈俊甫（2014）用美国各州每年中国移民人数占该州总人口比例除以每年中国移民人数占美国总人口比例来作为美国各州华人移民网络的发达程度的代理变量，数值越大表示华人移民网络强度越大（Iriyama 等，2010；Kelley 等，2013）。

现有关于海外华侨华人网络的研究中，大多采用东道国华人人口与东道国人口的比例衡量东道国华侨华人网络。学者基于数据的可获得性，大都使用美国俄亥俄大学图书馆专项数据、华侨华人蓝皮书《华侨华人研究报告》《各国华人人口专辑》等各种数据的组合，并且利用某一年的数据近似代替所有研究年份。但各个数据库的统计口径以及统计年限不同，致使数据可信度下降。

在第 3 章、第 5 章和第 6 章的大样本实证研究中，考虑到数据的可获得性以及研究目的，笔者借鉴杨希燕和唐朱昌（2011）的方法，运用东道国各年的中国移民存量除以相应各年东道国人口总数的比例近似度量东道国华侨华人网络的联系强度和联系频率。这样做的合理性在于：一般而言，在一定范围内华人移民人口比例越大，则该地区的华人活动也会越活跃，联系强度和联系频率也会越高，因而可以近似地认为当地华侨华人网络强度越大。所有东道国的中国移民存量数据均来自联合国移民数据库，保证了数据统计口径的一致性和时间的连续性，可信度较高。

根据研究逻辑，在第 5 章和第 6 章大样本实证研究之前，第 4 章基于问卷调查数据和 fsQCA 方法，对华侨华人网络嵌入度与组织学习和多维国家距离如何影响海外子公司财务绩效进行组态分析。第 4 章通过问卷调查测量海外子公司与华侨华人网络嵌入的关系维度和结构维度，有助于理解海外华侨华人网络影响中国跨国企业海外子公司绩效的机制，其研究结论可以与第 3 章、第 5 章和第 6 章基于二手数据测量海外华侨华人网络的实证检验结果相互印证。

1.2.3　海外子公司生存

子公司是指由母公司投资成立的、在全球范围内运营的企业独立承担民事责任、独立享有民事权利的法人组织。本书所提海外子公司，特指根据我国《企业会计准则第 33 号——合并财务报表》的规定，纳入我国企业合并财务报表范围的、在境外注册的拥有独立法人的海外子公司，而海外子公司生存是指海外子公司进入、退出海外市场的存亡状态。采用截面观察的方法来判断海外子公司是存活还是死亡：如果在某一时点，海外子公司依然进行生产经营活动，即认为它是存活的；反之发生清算、解散、剥离等被认定为子公司死亡。

海外子公司生存状况是与财务指标直接相关的国际化经营绩效指标，本书采用生存状况作为绩效指标的理由有二：一是生存是企业经营的基础与前提条件，海外子公司生存状况更能反映企业的长期经营业绩；二是相对真实可靠。生存指标可以在一定程度上克服由于财务数据波动、低报和虚报而带来的利润失真的缺陷。与财务利润指标相比，生存状况更能如实地反映海外企业的长期业绩和成功与否。

本书用海外子公司的生存状态来衡量子公司的绩效。Vermeulen 和 Barkema（2001）指出，相比于市场绩效或者财务绩效指标，使用海外子公司的生存状态来衡量子公司的绩效更能反映子公司的经营成功与否。据此，本书使用生存状态这一客观指标来度量子公司的海外经营绩效（Pan 和 Chi，1999）。与 Demirbag 等（2011）、Kim 等（2012）、Gaur 等（2019）等研究跨国公司海外子公司生存影响因素的文献一致，用海外子公司死亡的风险来测量海外子公司的生存，并利用 Cox 比例风险模型来检验华侨华人网络对海外子公司生存的影响。设定的生存分析模型中因变量是海外子公司的死亡风险率。

1.2.4　OFDI 逆向技术溢出效应

获取逆向技术溢出效应、构建国际竞争新优势是中国企业 OFDI 的重要动因。技术溢出效应包括正向技术溢出效应和逆向技术溢出效应。正向技术溢出效应指的是对外投资企业为东道国企业带来的技术扩散；逆向技术溢出效应是指对外投资企业从东道国企业获得的技术扩散，主要关注 OFDI 逆向技术溢出效应。

跨国企业母公司即 OFDI 企业，想要通过对外直接投资获取逆向技术溢出效应，首先需要获得东道国的技术资源，包括研发成果和研发要素，从中学习并将其内化吸收，并利用这些技术直接生产或改进产品，从而影响企业绩效。由此可见，需要找到具体的母公司变量来衡量其所获得的 OFDI 逆向技术溢出效应。全要素生产率（TFP）指的是资本以外的其他要素的产出，可被视为技术进步等非生产性投入对产出的贡献。笔者借鉴陈颂和卢晨（2017）的研究，主要采用 OFDI 母公司的全要素生产率的变化衡量企业所获得的 OFDI 逆向技术溢出效应。

1.2.5　组织学习

最早把"双元"的概念引入管理学领域的学者是 Duncan（1976）。Duncan（1976）指出成功的企业必须同时具备有效运营当前业务和适应未来变化的双重能力。March（1991）把双元性运用到组织学习领域，提出了探索式学习和利用式学习的概念。根据 March（1991）的定义，探索式组织学习一般可以用"探索、风险承担、试验、尝试、发现和创新"等词语来描述，其本质是对新选择方案的试验。探索式学习有利于帮助企业发展全新的知识技能，创造新产品，开辟全新的市场从而摆脱竞争对手的威胁（苏中锋和李嘉，2012）。利用式组织学习一般可以用"提炼、筛选、利用、选择、实施和执行"等词语来描述，其本质是对已有能力、技术及范式的提高和拓展（March，1991）。与探索式学习不同，利用式学习更加注重聚焦，避免变化和风险。利用式学习专注于利用和发展现有的知识和能力，并在后续行动中不断扩展现有知识，以使其产品和服务质量得以提升（苏中锋和李嘉，2012）。笔者参照 March（1991）的定义，对探索式学习和利用式学习进行界定。

对两种组织学习的测度以调研问卷为主（Yalcinkaya 等，2007；徐蕾等，2013），也有学者使用客观数据来测度探索式学习与利用式学习。蔡灵莎等（2015）结合王凤彬和杨阳（2013）的方法，依据投资动机的不同，把利用并购形式（不包括以获取自然资源为目的的项目）开展的 OF-DI 项目以及企业以进行海外研发活动为目的进行的 OFDI 项目定义为探索式学习，把其余方式定义为利用式学习。经营范围记录了国家允许企业生产和经营的商品类别、品种及服务项目，能够反映企业业务活动的内容和生产经营方向，且数据相对容易获得。因此，笔者参照衣长军等（2018）的研究，按照海外子公司的经营范围对企业的组织学习模式进行分类，把经营范围涉及技术咨询和研发的视为探索式学习，而把涉及其他经营范围的视为利用式学习。

1.3　研究方法与技术路线图

1.3.1　研究方法

（1）回归分析法

本书采用计数模型（Poisson 模型、负二项模型）检验海外华侨华人网络对中国企业 OFDI 的促进效应（第 3 章），采用最小二乘法（OLS）固定效应模型检验海外华侨华人网络、组织学习与中国企业 OFDI 逆向技术溢出效应之间的关系（第 6 章）。

（2）fsQCA 方法

第 4 章的研究目标是基于网络嵌入度与组织学习和多维国家距离探讨影响海外子公司绩效的前因条件组态，从而为第 5 章和第 6 章的研究打下基础，这一章采用了 fsQCA 方法。基于回归的传统定量研究方法关注单个前因条件（自变量）对结果变量影响的"净效应"。然而，当多个前因条件之间相互关联时，单个条件的独特效应可能被掩盖。传统定量研究方法试图使用调节变量回答组态问题，但 3 个以上交互变量已很难解释。相比之下，定性比较分析（QCA）方法采用整体视角，注重挖掘前因复杂性，综合了传统定量研究和定性研究的优点，成为众多领域解决因果关系复杂性的重要工具，这也是第 4 章使用 fsQCA 方法的核心优势，即能够充分挖掘不同层面里多个前因条件的协同作用下海外子公司绩效的影响机制。

（3）生存分析法（Survival Analysis）

第 5 章采用 Kaplan - Meier 方法和 Cox 生存分析研究方法。Kaplan - Meier 方法最大的优点是无须先验假设数据结构，在医学和国际贸易领域应用广泛。先用 Kaplan - Meier 方法来估计海外华侨华人网络对海外子公司存活风险率的影响效应，并进一步利用 Cox 生存分析研究方法检验海外华侨华人网络对海外子公司生存绩效的影响。

（4）质性研究法

第 7 章采用基于扎根理论的质性研究法，深入探究华侨华人和中国"走出去"企业的合作机制，归纳制约二者合作的主要因素。质性研究法强调理论源于数据，提倡理论构建与日常生活经验问题密切相关，适用于研究各类社会现象及其过程分析（贾旭东和谭新辉，2010）。而第 7 章关注的"一带一路"背景下华侨华人和中国"走出去"企业的合作是一种社会现象。采用扎根理论进行研究还可以丰富本研究现象的内涵，有助于深入理解这一社会现象及发生过程。

1.3.2 逻辑顺序安排与技术路线图

按照提出问题→分析问题→解决问题的思路开展研究。根据中国企业"走出去"实践和已有研究缺口，提出以下需要回答的问题：海外华侨华人网络是否促进中国企业 OFDI？海外华侨华人网络如何影响中国企业海外子公司财务绩效和生存绩效以及国际竞争新优势？"走出去"中国企业如何与海外华侨华人开展合作？在此基础上细化为 5 个子研究：海外华侨华人网络对中国企业 OFDI 的促进效应检验；海外华侨华人网络嵌入如何影响中国跨国企业海外子公司财务绩效：基于 fsQCA 方法的研究；海外华侨华人网络对中国跨国企业海外子公司生存的影响：基于 Cox 模型的实证检验；海外华侨华人网络与中国跨国企业国际竞争新优势：逆向技术创新效应检验；海外华侨华人与中国"走出去"企业合作机制研究：基于扎根理论的质性研究。根据以上子研究的研究结论提出相应的政策建议。技术路线如图 1 - 2 所示。

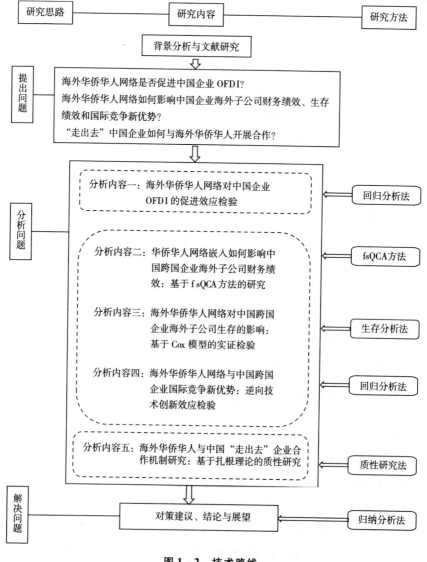

图 1 - 2　技术路线

1.4　使用样本和数据的说明

我们认为，要根据不同的研究问题选择合适的研究样本和研究数据。本书主体部分是第 3 章至第 7 章，这 5 章遵循着"海外华侨华人网络是否影响中国企业 OFDI 决策（第 3 章）"→"海外华侨华人网络嵌入如何影响中国跨国企业海外子公司财务绩效（第 4 章）"→"海外华侨华人网络对中国跨国企业海外子公司生存的影响（第 5 章）"→"海外华侨华人网络与中国跨国企业国际竞争新优势（第 6 章）"→"海外华侨华人与中国'走出去'企业合作机制研究（第 7 章）"这一研究逻辑来展开。第 4 章的研究目标是基于网络嵌入度与组织学习和多维国家距离探讨导致海外子公司绩效的前因条件组态，从而为第 5 章和第 6 章的研究打下基础，因此主要采用一手问卷调查数据进行研究。第 7 章的研究目标是采用基于扎根理论的质性研究方法探究海外华侨华人与中国"走出去"企业合作机制，主要采用的是文本数据。除此之外，第 3 章、第 5 章和第 6 章都是基于二手数据的大规模样本研究。

第 3 章和第 5 章选择上市公司作为样本①，以商务部公布的《境外投资企业（机构）名录》为基准，通过与沪深上市公司名单数据库匹配得到中国"走出去"上市公司名单，然后根据匹配后"走出去"上市公司名单查询公司年报，通过翻阅公司年报得到"走出去"上市公司的海外子公司信息，从而获得较为准确的上市公司 OFDI 数据和海外子公司生存数据，以保证实证研究的顺利进行。第 6 章的研究目标是海外华侨华人网络如何影响中国跨国企业创新绩效，以既包含上市企业又包含非上市企业的样本量更大、代表性更广的工业企业数据库企业为主要研究样本。

1.5　创新之处

在中国企业 OFDI 加速发展的背景下，学术界对海外华侨华人网络在

---

① 研究时间区间为 2008～2018 年。之所以选取 2008 年为起始点，是因为 2007 年中国会计准则发生了较大变动。

企业"走出去"中的重要作用已经有所关注。但从研究广度、深度上看仍倾向于研究海外华侨华人网络对中国企业 OFDI 区位选择的影响，而较少关注其对 OFDI 投资效果的影响。本书重点关注 OFDI 企业"走出去"以后与海外华侨华人网络的互动过程，聚焦海外华侨华人网络如何影响中国跨国企业海外子公司绩效和逆向技术创新效应，相关研究成果在国内外都不多见。本书的创新之处主要有以下几点。

第一，基于网络嵌入理论，从微观上探索了海外华侨华人网络的关系和结构维度在帮助海外子公司获取东道国合法性和外部资源以及提升海外子公司财务绩效上的作用。本书丰富了海外华侨华人网络对企业国际化影响的研究文献，有助于理解海外华侨华人网络对海外子公司财务绩效的影响，对企业国际化区位选择也具有指导意义。

第二，引入进入模式这一中介变量，通过探究进入模式在海外华侨华人网络和海外子公司生存绩效之间的中介效应，从全新的视角解释了海外华侨华人网络作用于海外子公司生存绩效的内在机理，拓展了海外华侨华人网络对企业 OFDI 绩效影响渠道的理解。

第三，与已有关注母国或者东道国的制度环境、GDP、研发投入等对企业 OFDI 逆向技术创新效应影响的文献不同，本书检验了海外华侨华人网络与中国企业 OFDI 逆向技术创新效应之间的"倒 U 形"关系，说明海外华侨华人网络对 OFDI 企业创新绩效的影响存在"过犹不及"现象，这一研究结论丰富了社会网络嵌入悖论文献。为了克服东道国华侨华人网络与中国企业 OFDI 逆向技术创新效应之间可能存在双向因果关系这一内生性问题，采用工具变量法进行修正，弥补了相关研究可能存在的不足。

第四，围绕"共建'一带一路'倡议下，如何提升华侨华人和中国'走出去'企业合作效果"这一问题，探究华侨华人和中国"走出去"企业的合作机制，归纳出制约二者合作的主要因素，丰富和补充了现有研究成果，同时为促进双方合作共赢提供理论支撑和实践指南。（1）现有研究聚焦如何借助共建"一带一路"倡议，利用华侨华人独特优势助推中国"走出去"企业实现更好发展，而忽略了华侨华人自身诉求。与已有文献不同，本书关注合作双方共同利益，对两者合作关系及利益分配再次进行权衡，从而拓展了共建"一带一路"倡议下华侨华人与中国"走出去"企业研究切入视角，丰富了人们对华侨华人和中国"走出去"企业合作关系的理论见解。（2）从微观视角探讨华侨华人与中国"走出去"企业合作问题，运用扎根理论抽绎影响双方合作效果的因素，并与已有理论对话，探索华侨华人与中国"走出去"企业的合作过程与机理："合作动机—合作关系建立基础—合作困境"，一定程度上丰富了对华侨华人与中国"走出去"企业合作的内涵研究，为研究华侨华人与中国"走出去"企业合作关系提供了新思路。

第2章　理论基础与文献述评

2.1　理论基础

2.1.1　社会网络理论

社会网络理论是社会学研究的新范式，目前广泛应用于许多社会科学领域（王夏洁和刘红丽，2007）。关于社会网络，不同的学者有不同的看法，尚未形成统一的定义。Wellman 在 1988 年提出了较为成熟的定义。在这一定义中，可以把社会网络看作结点以及结点之间关系的一种集合，是由部分个体通过某种社会关系联结而成的一个相对稳定的系统。Brass（2004）认为间接联系对于网络内企业具有重要的影响，提出网络是结点以及结点之间存在关系或缺少关系的联系的集合。目前普遍认为，社会网络的核心理论主要包括强弱关系理论、社会资本理论以及结构洞理论。

（1）强弱关系理论

Granovetter 于 1973 年提出了弱关系理论，这一理论的提出对于社会网络理论的发展具有重大意义。他提出了衡量关系强弱的四个维度，具体包括互动频率、互惠交换、亲密关系和情感强度，并据此将关系分为强关系和弱关系。强关系是一种内部社会裙带关系，具有强关系的个体在某些类别上具有相似性，如职业等；而弱关系则是联系不同类别群体之间的纽带。弱关系理论认为，强关系与弱关系对于个体的作用有所不同。弱关系的优点在于能够连接不同的群体，从而为企业带来异质的、非冗余的信息。尽管如此，强关系作为个体存在的基础和根基仍然十分重要。强关系凭借其个体之间的紧密关系能够在网络内形成信任机制，进而降低交易成本和沟通成本，有利于复杂隐性知识在网络内的交换，从而使网络内个体受益。但是，强关系在增强彼此信任、降低交易成本和沟通成本的同时，也极易带来更多重复的、冗余的知识。与此同时，关系的维系是需要成本的，这也可能使个体为维护强关系而支付大量的维系成本，造成浪费。

（2）社会资本理论

1986 年，法国社会学家皮埃尔·布尔迪厄首次系统地表述了社会资本的概念，他提出社会资本是一种获取资源和信息的能力，这种能力是个体因其在社会结构中所处的位置而获得的。社会资本的大小取决于它所处的网络规模的大小以及与其有社会联系的个体所拥有的经济和文化等资本的数量多少。也有学者认为社会资本本质上是一种信任和规范，它来源于网络关系。该理论认为，社会资本与社会网络能够相互影响，不断累积的社会资本能够扩张其所在的社会网络，而社会网络的扩张又能够使其所拥有的社会资本也随之增加，新增加的社会资本又会吸引新的个体加入网络，从而进一步扩张网络规模，循环往复，这是一种重复的演进模式。

（3）结构洞理论

Burt 在承袭弱关系理论的基础上，于 1992 进一步提出了结构空洞概念。Burt（1992）认为结构洞位置实质上是一种空洞位置，这种位置是社会网络中个体或群体之间因缺乏直接联系而产生的，它能够反映两类没有直接关联的个体或群体之间可能存在潜在的异质性关联。除此之外，处于结构洞位置的企业可以获得较高的收益，并且可以获得一些优势。这些优势主要表现在信息和控制上。信息优势和控制优势都是由其所处的特殊位置决定的，表现形式有所不同。其中，信息优势主要表现为企业可以凭借结构洞的位置优势，从异质性的个体或群体中获取诸多信息，起到信息集散的作用，从而掌握更多信息并且能够通过控制信息的流向从中获益；控制优势主要体现在处于结构洞位置的个体可以在原来没有关联的两个企业或群体中起到联结作用，而该个体恰好处于这种联系的关键位置，从而能够控制这两个非直接关联的个体或群体之间的信息资源流动。

2.1.2　网络嵌入理论

"嵌入性"这一概念由经济史学家 Polanyi（1944）最早提出，而由 Granovetter（1985）等人运用于经济行为当中。Granovetter（1985）将"嵌入性"定义为：群体网络中个体之间的长期稳定的惯例和关系，在选择策略或采取相关行动时，反过来影响群体中个体的行为倾向。对于嵌入性概念，已有学者根据各自不同的研究视角进行了分类。Hagedoorn（2006）通过研究指出嵌入性包括环境嵌入、组织嵌入和二元嵌入。Hess（2003）认为嵌入性涵盖了三个层次，分别为社会嵌入、网络嵌入和空间嵌入。但是 Granovetter（1973）提出的结构视角和关系视角的划分是迄今为止最基本和最经典的分类方法，这种划分维度已经成为社会网络分析的两个基本视角。

2.1.3　组织学习理论

20 世纪 30 年代，学术界开始关注组织学习理论，早期的研究集中于与历史事件相关的学习行为。March 和 Simon 于 1958 年提出了组织学习的概念，认为组织学习是指企业在外部环境的刺激下，整合和重新构建组织结构的系统学习过程。1997 年，Argyris 和 Schön 正式而全面地阐述了组织学习的概念，指出组织学习是企业发现问题、纠正问题和解决问题的过程，通过组织学习，企业可以重新构建企业的目标、行为、制度和管理。Argyris 和 Schön（1997）对组织学习的阐述引起了学术界和实务界对组织学习的广泛关注，组织学习的系统化研究由此开始。March（1991）将双元性引入组织学习领域，提出探索式学习和利用式学习的概念。根据 March（1991）的定义，探索式组织学习一般可以用"探索、风险承担、试验、尝试、发现和创新"等词语来描述，其本质是对新选择方案的试验；利用式组织学习一般可以用"提炼、筛选、利用、选择、实施和执行"等词语来描述，其本质是对已有能力、技术及范式的提高和拓展。这种分类方式也得到了不少学者的认可。在应用上，组织学习对于企业获得可持续的竞争优势、适应动态环境变化、培养动态能力、应对战略变化、促进学习型组织建设、实现长期生存和发展具有十分重要的意义。

组织学习是对组织内外部的知识、技术、能力进行交流传播、吸收转换、传递整合、共享创造的过程，学习的知识既包括隐性知识也包括显性知识。组织学习可以提升组织自身的环境适应力，改进组织行为方式和商业管理技能，提升企业的竞争优势（许诺，2013）。组织内部各个部门进行信息、技术、知识的有效交流、传递、理解、吸收、融合与提升改进，这些过程发生在组织母子公司内部，实际上就是企业竞争能力培养和提升的过程（易敏芳，2015）。组织学习的动力在于追求经济利润最大化，异质的知识、独特的技能、关键的资源整合能力等是获取利润的基础，组织学习是可以测量的，组织学习可以获取知识、技能和提升能力，从而提高企业经营绩效（易敏芳，2015；寇国梁，2016）。

在不断变化和日益复杂的竞争环境中，企业尤其是跨国公司需要通过组织学习来增强其适应能力，以应对不断变化的内外部环境，构建和维系竞争优势，实现可持续发展。企业在对外直接投资过程中，组织学习尤为重要。由于跨国公司母、子公司间信息不对称，跨国公司可能是有限理性的，海外子公司在东道国经营时，对组织内部的显性知识、隐性知识、技术和管理技巧等的整合，母、子公司之间知识的交流、传递、共享、吸收、创造等进程都会受到多种因素限制。如海外子公司的现有资源与能力不足、组织架构局限性、国际化经验缺失以及东道国制度环境、文化环境差异等，尤其是母国与东道国制度环境的差异会显著影响母公司发挥自身优势进行有效的母、子公司之间的组织学习进程和效果，最终也会影响海外子公司的生存和绩效（阎大颖，2009）。

2.1.4 制度基础观

企业战略行业基础观强调行业环境分析是制定竞争战略的基础，行业结构和企业自身定位是决定企业竞争优势的主要因素。资源基础观则认为企业内部资源和能力是企业竞争优势的关键来源（Peteraf，1993）。进入20世纪90年代，一些学者开始打破将制度看作企业战略选择背景的预设，将制度直接视为影响战略选择的核心变量，企业战略的制度观点也开始发展起来。行业基础观侧重对企业外部竞争环境的分析，资源基础观侧重对企业内部层面资源和能力的分析，而制度基础观关注的是外部制度因素对企业战略选择的影响（Peng，2002；Peng 等，2009）。随着新兴市场国家企业战略研究的不断深入，学者们越来越认识到制度因素对于企业战略选择的重要影响（Xu 等，2013）。

制度基础观认为企业外部的制度环境对企业生产经营决策会产生重大影响。该理论不仅拓展了资源观的内部资源分析视角，将外部环境纳入决策中，而且强调外部环境与内部资源的匹配性，从而降低外部制度环境的诸多不确定性。制度可以分为正式制度和非正式制度，正式制度包括法律法规及政策等，强制社会参与者遵守；非正式制度是人们社会交往中逐渐形成的价值思维观念与文化信仰。

资源基础观强调企业独特的资源和能力是企业持续竞争优势的主要来源，但对企业所处环境因素尤其是制度因素与资源能力形成之间的关系没有进行解释。已有学者指出企业内部资源和能力的价值很有可能由企业的外部环境所驱动，企业所面临的国家外部环境将影响企业竞争优势的来源，从而进一步影响其战略选择（Wan，2005）。制度环境是企业独特资源或能力形成、变化过程中的内生变量（Cuervo‐Cazurra 和 Genc，2011）。能够带来竞争优势的资源类型，能使企业获得制度支持和合宜性的组织模式，在不同的制度环境下都有所不同（Peng，2002）。企业的资源选择等战略决策是在其所处的特定的制度环境约束下做出的决策（Peng 和 Heath，1996）。

2.2　文献述评

2.2.1　移民网络对国际直接投资活动的影响

2.2.1.1　移民网络影响国际经济活动的机制

移民网络是以共同的种族、信仰或地缘关系作为纽带建立起来的社会关系网络（Rauch 和 Trindade，1999）。有关移民网络对国际经济活动影响的研究最初出现在国际贸易领域（Gould，1994）。21 世纪以来，国际直接投资（FDI）在国际经济活动中日益重要，不少学者开始将移民网络纳入 FDI 研究中。移民网络可以通过以下机制影响国际经济活动。其一，移民网络可以在交易双方之间充当信息传递中介的角色，从而极大地降低交易成本、增加双边贸易与投资规模（Javorcik 等，2011）。移民网络的信息传递和分享机制降低或消除了文化和制度等方面的非正式贸易壁垒，有效减少交易双方的搜索和配对成本，从而促进国际贸易和国际投资。其二，移民网络内部的信用机制和对机会主义行为的惩罚措施，有助于遏制违反合同等机会主义行为的发生（Greif，1993），降低交易的不确定性，进而促进国际贸易和国际投资等国际经济活动。Murat 和 Pistoresi（2009）以及 Baghdadi 和 Cheptea（2010）都证实了移民网络在减少信息获取成本、降低投资壁垒和促进双边国际经济活动中的重要作用。

2.2.1.2　华侨华人网络对中国双向 FDI 的影响

有关移民网络对国际贸易和国际投资影响的研究中，海外华侨华人网络备受关注。阎大颖等（2013）指出海外华侨华人网络是由海外华人依据亲密的血缘关系（同一祖籍地）建成的正式或非正式的联盟网络，是全球众多移民网络中必不可少的组成部分。海外华侨华人依赖祖籍和血缘等多层次的纽带关系构成了一个完整系统的商业网络，并依靠此商业网络进行商业交易。

许多研究表明，海外华侨华人网络促进中国引进外商直接投资（Inward Foreign Direct Investment，IFDI）。阎大颖等（2013）发现投资国的华人移民是促进该国对中国直接投资的重要因素。Gao（2003）研究了 68 个东道国对中国的投资，结果表明海外华侨华人网络可以克服非正式制度壁垒，对促进外商直接投资起着毋庸置疑的重要作用。张建红（2004）研究了 45 个国家（地区）对中国的直接投资，结果显示投资国的华裔人口比例对吸引其对华直接投资起着重要作用。

随着中国 OFDI 的快速增长，部分学者开始注意海外华侨华人网络对中国企业"走出去"的影响。海外华人对东道国的政策法规、市场运作、海外文化及社区等有更多的了解和认识，是中国企业进军海外市场的最好桥梁和纽带。因此，海外华侨华人网络是一种可以降低交易成本与代理成本，从而有助于中国"走出去"企业克服 OFDI 障碍的一种非市场机制安排。Peng 和 Luo（2000）指出企业可以依靠网络和联盟来获得发展。中国传统商业文化以及转型时期欠完善的制度环境，使中国企业在商业运作中倾向于通过关系网络等非正式机制来减少市场不确定性和降低交易成本。这种非正式制度机制同样会影响中国企业的 OFDI。Hitt 等（2000）的研究表明，一些新兴或发展中国家的企业，往往需要依托某些非正式的市场关系获得外部资源来弥补市场机制的不足，降低经营风险，如社会关系网络、民族优势等。Dunning（2002）将企业在东道国所拥有的社会关系网络称为关系资产，其研究也表明，分散在世界各地的华人组成的社会关系网络，可以帮助中国企业降低经营风险和交易成本，甚至获得更多的商业机会，这对中国企业对外投资有一定的积极作用。Erdener 和 Shapiro（2005）对中国 OFDI 进行了研究，结果发现海外华侨华人网络越密集，中国企业对其投资时整合资源的能力越强，经营风险就越小。

对外直接投资涉及跨国企业与东道国本土企业或其他代理人的长期合约关系，信息不对称带来的不确定性和交易成本无疑是影响跨国企业直接投资决策的重要因素。在异质性企业框架下，以交易成本理论为基础，范兆斌和杨俊（2015）运用数理模型证明了海外移民网络的内部治理机制有助于提高国际交易合约的执行效率，降低直接投资活动中的交易成本，从而促进移民来源国外向型直接投资的发展。运用 2003～2012 年中国在24 个国家海外华侨华人直接投资数据的经验研究也证实，移民网络能促进中国对东道国的直接投资。王疆和陈俊甫（2014）发现华人移民网络是解释中国企业对美国直接投资区位选择的重要因素，中国企业倾向于进入华人移民网络发达的州。吴群锋和蒋为（2015）的经验研究也发现中国企业倾向于在华人分布密集的地区开展对外直接投资。刘佩鑫等（2019）发现，东道国华人华侨规模对中国企业进行 OFDI 的区位选择有积极并且显著的影响。田珺（2020）发现，投资目的国华人网络的存在能够有效降低经济政策不确定性对绿地投资造成的负面影响，从而促进中国企业对该国的绿地投资。梁育填等（2018）发现，东南亚各国的华人华侨规模与中国企业对外直接投资的区位选择之间存在显著的正相关关系。衣长军等（2016）选取 2003～2012 年中国对 69 个国家（地区）直接投资的面板数据，运用 PCSE 和 FGLS 模型重点考察了海外华侨华人网络对中国 OFDI 区位选择的影响，实证研究发现海外华侨华人网络对我国

OFDI 产生正效应。

东道国的制度质量对企业海外经营有很大的影响，东道国稳定的政治和经济环境可以为企业的经营管理提供一个安全和稳定的环境，东道国的制度环境越好，知识产权保护制度便越完善，企业经营环境也会越规范，这能够降低企业的成本，为企业的发展提供一个良好的环境（Globerman和 Shapiro，2003）。在那些政治不稳定、政府效率低、法治水平较低、腐败程度较高的东道国，海外华侨华人网络有助于防止机会主义行为，为中国企业 OFDI 项目的执行提供契约保障。因此，在高度不确定性的东道国制度环境下，中国跨国企业经营成本高、风险大，而良好的海外华侨华人网络关系可能会有助于中国海外投资企业降低商业风险和交易成本，即海外华侨华人网络对 OFDI 促进效果凸显；反之，在制度环境较好的国家投资与运营，海外华侨华人网络的促进作用可能会减弱。袁海东和朱敏（2017）的研究表明，海外华侨华人网络对中国对外投资的影响在不同东道国存在显著异质性，在文化差异大和制度质量低的东道国，海外华侨华人网络的正向作用更明显。

在过去的十余年间，中国对"一带一路"沿线国家的直接投资快速增长，且快于中国 OFDI 的总体增速。商务部数据显示，中国对 65 个"一带一路"沿线国家的直接投资规模由 2003 年的 2 亿美元大幅升至 2018 年的 156 亿美元。2013～2018 年，中国企业对"一带一路"沿线国家直接投资总量超过 900 亿美元，年均增长 5.2%。中国企业对"一带一路"沿线国家的直接投资也引起了学术界广泛关注，探讨中国与"一带一路"沿线国家间投资关系的研究文献不断涌现。衣长军和徐雪玉（2016）基于 2003～2013 年中国企业对"一带一路"沿线国家直接投资的面板数据，通过零膨胀负二项回归计量模型，考察了海外华侨华人网络对中国 OFDI 空间格局形成的影响。实证检验结果表明，"一带一路"沿线国家华人网络关系越发达，越有利于吸引中国对其展开 OFDI 活动。杨亚平和高玥（2017）区分商贸服务型、当地生产型、技术研发型 OFDI，利用 2003～2014 年我国对"一带一路"沿线 65 个国家的投资数据，采用负二项回归模型，发现不论哪种投资动机，海外华侨华人网络的活跃都能促进我国企业 OFDI。沈琳和彭冬冬（2021）基于全球华人移民的分布数据和中国对"一带一路"沿线国家直接投资数据的检验发现，华人移民网络显著促进了中国对"一带一路"沿线国家的直接投资，信息共享效应和制度距离缓解效应是华人移民网络影响中国 OFDI 的重要路径。陈初昇等（2017）以"一带一路"沿线国家的对外直接投资面板数据为样本基础，运用 Hansen 非线性面板门槛模型检验海外华侨华人网络对我国 OFDI 影响，研究结果表明，活跃的海外华侨华人网络可以促进中国 OF-DI。海外华侨华人网络在促进中国 OFDI 进程中，会因东道国制度环境质量水平的不同而产生不同的影响，即东道国制度环境存在门槛效应，随着东道国制度环境的好转，海外华侨华人网络对我国"一带一路"沿线国家的 OFDI 促进作用逐渐减弱。

一些研究检验了华人移民网络的调节效应。移民网络被视为国家间信息传递的重要资源之一。移民网络能够为企业提供独特的信息获取与知识转移渠道，能够降低跨境投资壁垒，帮助企业在东道国开拓市场，进而促进双边 FDI。衣长军等（2021）基于 2008～2017 年中国沪深 A 股上市公司对外直接投资数据，通过负二项回归模型进行实证研究，发现华人移民网络弱化了心理距离与企业 OFDI 间的"U 形"关系。李凝和胡日东（2014）通过整合制度理论与资源基础观，研究东道国华侨华人网络对文化差异与中国企业 OFDI 区位选择之间关系的调节效应。基于企业层面OFDI 项目数据，采用面板负二项回归方法的实证研究发现，东道国与中国的文化差异对中国企业 OFDI 有显著的负向影响，但东道国华人网络削弱了文化差异的负向影响。王玮（2020）发现，融资约束对我国企业对外直接投资规模量存在负向影响，即企业面临的融资约束程度越严重，企业对外直接投资规模越小；海外华商网络对融资约束与企业 OFDI 规模量之间的关系存在调节作用，即海外华侨华人网络会弱化融资约束对企业OFDI 规模量的影响。

2.2.2　跨国公司海外子公司绩效影响因素研究

在跨国公司海外子公司绩效影响因素研究方面，国家间的多维距离和进入模式这两个方面的因素受到了学者们的较广泛的关注。国家间的多维距离是国际商务研究领域中关注的重要问题，学者们也从不同角度依据不同理论对国家之间的距离，如制度距离、文化距离等对跨国公司海外子公司经营绩效的影响进行了较为充分的研究。Kostova（1996）最早提出并明确了"制度距离"这一概念，这一概念的界定具有重要的理论价值，为对外直接投资与国际商务管理研究领域增加了一个新的研究工具或研究视角。

海外子公司生存在东道国，其生存与绩效可能会受到体现国家之间制度环境差异的制度距离的影响。国家之间制度差异形成了制度距离，制度距离的存在使得跨国企业在东道国市场运营时主要面临两种外来者劣势：一是难以在东道国获取组织合法性，二是使跨国界转移组织惯例面临困难（Xu 和 Shenkar，2002）。当制度距离不大，东道国制度环境与母国相似度高时，跨国公司海外子公司完全可以按照国内经营惯例借助母公司的比较优势来提高业绩；而当东道国与母国制度距离很大时，海外子公司面临的经营挑战更大，外来者劣势明显，原有母公司的管理经验就很难移植到海外子公司，海外子公司生存与绩效风险就很大。有关制度距离与企业 OF-DI 绩效关系的研究没有取得一致的结果，学术界称之为"制度距离悖论"。Wu 和 Salomon（2016）、Rottig（2008）以及 Trąpczyński 和 Gorynia（2017）的研究均发现国家之间制度距离增加了跨国企业在东道国运营的难度，不利于获取合法性，制度距离与 OFDI 绩效之间存在负向关系。Mudambi（2002）以及阎大颖（2011）发现海外投资成本、获取合法性难度等都会随着制度距离的扩大而变大，这会导致海外子公司投资绩效降低。Shirodkar 和 Konara（2017）同样发现制度距离负向影响韩国跨国企业在新兴市场国家子公司绩效。一些研究却发现制度距离对企业 OFDI 绩效有着正向影响（Morosini，2008）。Thomé 等（2017）以 2008～2011 年 399 家在巴西运营的跨国公司子公司为样本的研究发现，制度距离正向影响跨国公司子公司绩效。

由各国文化差异形成的文化距离的增加加大了跨国公司经理人员获取东道国运营知识的难度，增加了信息和知识解释成本，容易导致对东道国经营环境的误解（Dow 和 Karunaratna，2006）。而跨国公司为了能在东道国成功运营，需要在东道国复制已有的知识和惯例。文化距离的增加会影响隐性知识和惯例的转移和吸收（Flores 和 Aguilera，2007），影响跨国公司海外子公司绩效。Meschi 和 Ricciob（2008）发现文化距离降低了 234 家巴西国际合资企业的稳定性。

进入模式作为企业国际化过程中的重要战略选择（Pedersen 等，2002），影响着公司的资源承诺、风险以及退出成本等因素（Brouthers 等，2008），而这些因素通常都与海外子公司的绩效息息相关。从资源承诺的角度来看，资源基础理论指出企业拥有着各种资源，这些独有的、不可模仿的且难以复制资源能够转化为企业独有的能力，这是企业保持可持续竞争力的源泉，也是企业拥有优良绩效的基础。现有研究表明，公司的股权水平越高，母公司对企业的资源承诺也就越高（Dhanaraj 和 Beamish，2004），而若是与合作伙伴合资创办企业，母公司对该子公司的资源投入的倾向会更低（Gomes – Casseres，1990），这种资源投入将在很大程度上影响海外子公司的竞争能力。在全资进入模式之下，母公司将更倾向于将其资源转移给海外子公司，因为它们更有信心子公司不会滥用此类资源并有能力充分利用这些资源，这种资源给企业带来了更强的竞争力。而除了上述有形资源投入外，还包括人力等无形资源。在全资模式下，母公司拥有更大的控制权，可以任命自己人担任公司的高级管理人员。一方面这些人员能够更好地理解母公司的战略，执行母公司的命令；另一方面，全资子公司由于可以直接委派管理人员，拥有更大的管理自主权和完全控制本地运营的优势，并与国外市场和客户保持更大的亲密关系。全资模式可以避免合资模式下由于合作伙伴的能力、兴趣和目标各不相同，产生的管理上的冲突。这种人力资源的转移也将提高其海外子公司的竞争力，从而提高绩效（Gatignon 和 Anderson，1988）。

由于以下三点缘由，海外子公司生存绩效影响因素这一问题一直备受重视。第一，生存是企业评价的基础与前提，生存率低，其他绩效都无从谈起。因此是否存活是衡量企业对外直接投资经营效果的最基本途径。第二，企业生存是测量企业能否"走出去"、"走下去"和"走上去"的最佳指标选择，与其他评价指标如财务绩效等直接关联，海外存活持续时间被认为是衡量海外经营绩效的长期指标之一，已有研究发现子公司生存率与财务绩效和投资者满意度正相关（Wang 和 Larimo，2015）。第三，海外子公司企业数目的变化情况直接反映海外子公司的新设、退出、清算与死亡，生存率指标可以描述子公司数量变动，更好地为跨国公司高管决策提供有参考价值的生存信息。国内外学者大致从东道国环境、投资经验、高管特征、进入模式等几个方面对海外子公司的生存进行分析（Coudounaris，2017）。

海外子公司死亡率（存活率）与东道国的制度环境息息相关。海外子公司只有适应当地的制度环境才能自然地获得当地政府、社会、消费者的认可与接纳，才能获取合法性，理所应当地在东道国获取资源，持续运营下去。在东道国环境方面，Pogrebnyakov 和 Maitland（2011）、Ferragina 等（2012）分别以意大利海外子公司、进入欧洲和南美的跨国子公司为研究样本，发现企业层面、国家层面、行业层面上的制度和服务业国际化发展程度都会影响海外子公司存活持续时间。Pattnaik 和 Lee（2014）发现母国与东道国的经济、金融、政治、管制、文化、人口特征、知识和市场开放度之间的距离与外国分支机构的撤资正相关。Meschi 和 Ricciob（2008）发现文化距离降低了 234 家巴西国际合资企业的稳定性。Pattnaik 和 Lee（2014）以及 Kang 等（2017）都证实文化距离显著增加了韩国跨国企业退出东道国市场的可能性。Demirbag 等（2011）发现经济距离对日本企业在中东和北非地区的海外子公司生存有显著的负向影响。郑建贞等（2014）发现海外投资持续时间会受到东道国制度因素和企业自身因素的影响。白涛等（2013）以中国 1996～2004 年企业的对外直接投资为样本，从经济和文化视角分别检验了区位选择对于海外子公司存活率的影响。陈初昇等（2020）的研究发现，国际化速度越快的企业，海外子公司生存率越低；相较于基于深度的国际化速度，基于广度的国际化速度对海外子公司存活率的负向影响更大；中国企业对营商环境距离的偏好弱化了国际化速度对海外子公司生存的消极影响。檀灿灿和殷华方（2018）发现，良好的东道国制度削弱了国际多元化程度给子公司生存绩效带来的负向影响。

在公司的投资经验方面，学者们关于其与海外子公司生存的关系尚有争论。部分学者认为公司的投资经验与海外子公司生存有正向关系。其认为企业在以往投资中获取的经验有助于企业获取新的知识和能力，从而减少了后续投资的竞争劣势和经营困难。国际化经验至少在以下几个方面发挥重要作用：一是有助于子公司在当地获得合法性，克服外来者劣势；二是有助于海外子公司了解和熟悉海外市场，在当地建立良好、和谐、融洽的关系，树立良好的企业形象；三是有助于海外子公司提交在当地学习、开发新技术新能力，提升创新绩效；四是有利于跨国企业母公司向海外子公司转移管理经验、特定资源与技术和组织惯例，降低母、子公司之间跨国管理交易成本，从而提升海外子公司生存能力。其中组织惯例的跨国组织间移植、重建受制于多方面因素，尤其是制度环境，如果跨国公司拥有丰富的国际化经验，则更能够融入当地的制度与社会文化氛围，更有利于海外子公司组织惯例的搭建与实践，也更有利于延长海外子公司生存时间（Delios 和 Beamish，2001；Hollender 等，2017）。金中坤（2020）发现，海外投资经验强度、海外投资经验多样性都显著正向影响中国企业海外子公司的生存绩效。然而也有部分学者认为公司的投资经验并不总是与海外子公司的生存正相关。他们认为母公司对海外子公司的股权控制程度较高时，投资经验与海外子公司的生存正相关；但是当股权控制程度较低时，投资经验与海外子公司的生存负相关（Gaur 和 Lu，2007）。

Zeng 等（2013）则从文化差异的角度指出公司的国际化经验与海外子公司的生存并不是简单的线性关系。当企业的经验来源于与母国文化相似的国家时，那么跨国公司更容易在这种投资经历中学习，并且学习到错误经验的概率比较低。如果企业后续投资与先前投资的东道国文化相似的国家时，这种经验会高度适用，从而 FDI 经验与子公司的存活率负相关；如果企业后续投资的东道国与先前投资的东道国文化不同，那么之前的经验很可能会被不恰当地应用。但是当跨国公司积累了一定程度的经验时，公司更能感受到不同文化背景下的差异，从而减少了不恰当应用的可能性，因此 FDI 经验与子公司的死亡率呈倒 U 形关系。朱丽和殷华方（2020）区分成功经验和失败教训，发现 FDI 成功经验与海外子公司的生存绩效之间关系不显著，而 FDI 的失败教训与海外子公司的生存绩效之间学习效应显著，并呈现正 U 形关系。冉启斌等（2020）发现，企业国际化深度经验和国际化广度经验会对高管过度自信与海外子公司生存率之间的负相关关系产生调节作用。

从退出成本的角度来看，全资模式相对于合资模式需要相对更多的前期投资，这些投资通常是不可逆的（Song，2014）。这就导致在全资模式下，海外子公司退出时面临更高的机会成本。在这种情况下，跨国公司会更倾向于推迟退出时间并鼓励海外子公司继续经营以减少损失或者达到最终的投资目的（Shyam Kumar，2005）。因而与全资模式相比，合资模式下海外子公司更容易退出。而其他学者则指出，由于合资企业更容易获得当地和合作伙伴提供的资源，其表现优于独资子公司（Pangarkar 和 Lim，2003）。

合法性缺失和海外市场知识的缺乏是跨国经营外来者劣势的主要来源，也是威胁跨国投资绩效的重要因素。从获取合法性和东道国市场知识的角度看，相对于全资子公司，合资子公司相对更容易被东道国利益相关者接受，获取合法性（Lu 和 Xu，2006）。另外，合资子公司更容易从合作伙伴那里获取市场知识。Makino 和 Delios（1996）发现，跨国企业海外子公司可以在当地合作伙伴的帮助下应对环境不确定带来的风险。总之，拥有当地连接和当地知识优势的合资伙伴可以帮助海外子公司获取在东道国经营所需的合法性和运营知识。

Hennart 和 Park（1993）、Woodcock 等（1994）认为并购存在很难评估目标企业导致的并购溢价问题和并购之后的整合问题，这使得以并购模式进入东道国的海外子公司的生存率低于绿地模式的。Pennings 等（1994）认为由于外来者劣势的存在，绿地模式的绩效要低于并购模式。汝毅和吕萍（2014）则通过对中国投资于欧洲的海外子公司的研究发现，在其他条件相同的情况下，其初期并购模式的绩效优于绿地模式，但是随着时间的推移，两者之间的差距会越来越小。Li（1995）的研究表明，以并购模式进入海外市场的子公司退出率高于绿地模式。而 Shaver（1998）的研究却得出不一致的结论，该研究指出企业的战略会影响绿地和并购的表现。如果不考虑企业的战略，绿地模式的表现优于并购模式，但是一旦考虑了企业的战略影响，绿地模式的优势则会慢慢消失。同样，Slangen 和 Hennart（2008）从子公司的整合水平出发，指出若子公司的整合水平较低，则并购模式的表现优于绿地模式；若子公司的整合水平较高，则绿地模式的表现要优于并购模式。

从制度基础观、资源基础观的角度看，移民网络有利于跨国企业海外子公司获取合法性和海外市场知识，提升海外投资绩效。关于移民网络对跨国企业海外子公司绩效的影响，Hernandez（2014）基于 27 个来源国企业在美国各州设立的子公司存活数据的实证研究发现，各州来源国移民数量显著提高了子公司的生存绩效，对于国际化经验缺乏以及高知识密集行业的企业来说，这一影响更加强烈。Miller 等（2008）以拉美银行业跨国公司海外分支机构为对象的实证研究也证明移民网络有利于提高分支机构生存率。伴随中国企业加速 OFDI 的是，大量已设立海外子公司退出了东道国市场，没能"走进去"和"走下去"，海外子公司生存率比较低，OFDI 绩效亟待提升。在为数不多对此研究的文献中，张吉鹏和衣长军（2020）基于中国上市公司对"一带一路"沿线国家直接投资面板数据，利用 K - M 生存曲线和 Cox 比例风险模型研究海外华侨华人网络对中国跨国企业海外子公司生存的影响，发现"一带一路"沿线国家华侨华人网络对中国跨国企业海外子公司生存有正向影响，降低了中国跨国企业海外子公司退出风险；"一带一路"沿线国家华侨华人网络对国有企业海外子公司和独资海外子公司生存的正向影响更大。中国企业在"走出去"的同时，更要"走进去"和"走下去"，检验海外华侨华人网络对中国企业 OFDI 绩效影响成为一个值得研究的课题。

2.2.3　OFDI 逆向技术溢出效应及其影响因素

2.2.3.1　OFDI 逆向技术溢出效应存在性的相关研究

自内生增长理论出现以来，国际技术溢出问题已成为经济学研究领域的一个重要课题。根据内生增长理论，一个国家的技术进步不仅仅需要国内的研发资本，还需要国外的研发资本。早期文献关注的是进口、出口和外商直接投资渠道中的国际技术溢出，而很少关注对外直接投资的技术溢出效应。1991 年，Kogut 和 Chang 对直接在美国投资的日本企业进行了实证分析，发现日本公司主要集中在研发密集型行业，并据此提出了技术逆向外溢的猜想。Kogut 和 Chang（1991）的研究开启了技术寻求型 OFDI 的相关研究。随之，OFDI 的技术溢出效应也得到了关注。Fosfuri 和 Motta（1999）通过对外直接投资决策的古诺模型的分析，发现即使在建立成本和出口运输成本为零的情况下，技术落后的企业仍然会选择直接投资进入国外市场。其原因是，技术溢出（一种正的技术外部性）可以通过地理位置接近外国技术领导者来实现，这种技术外部性足以弥补跨国公司国内母公司和国外子公司的运营成本。Siotis（2010）在双向溢出假设的前提下也得出了与 Fosfuri 和 Motta（1999）类似的结论，从而在理论上验证了对外直接投资逆向技术溢出效应存在的可能性。新兴经济体跨国公司不仅能够通过 OFDI 获得有价值的战略性资产，还能够吸收、利用和开发这些战略性资产以造福其母国经济。在实证方面，国内外学者基于不同的视角研究了跨国企业 OFDI 的逆向技术溢出效应的存在性，但尚未得到一致的结论。宏观层面上，国外学者 Lichtenberg（2001）对13 个工业化国家数据进行实证研究，发现 OFDI 能够提升国内生产率。而 Bitzer 和 Kerekes（2008）使用 17 个 OECD 国家 1973～2000 年的产业层面数据进行研究得出了与 Lichtenberg（2001）完全相反的结论。

以发达国家企业为研究对象的传统跨国投资理论认为 OFDI 主要动机是对已有资产的利用（Dunning，2000），以 LLL 理论（Mathew，2006）为代表的新兴 OFDI 理论则强调，新兴经济体企业不具备经典跨国投资理论所定义的垄断竞争优势，寻求资产（如知识资产）是其 OFDI 主要动机。LLL 理论认为作为后来者的新兴市场国家企业在国际化过程中通过外部资源联系、杠杆效应和学习获得新的竞争优势。新兴经济体企业国际化的起点是它们对外部资源的获取。新兴市场国家企业通过与发达国家跨国公司组建战略联盟等形式来建立国际联系，并以此为杠杆不断获取资源。学习是新兴市场国家企业对基于联系和杠杆效应获得的资源的消化、吸收和替代过程。通过联系、杠杆利用和反复学习，新兴市场国家企业可以获取先进的技术和管理技巧，进而提高企业运营效率和创新能力。近年来学者们指出发达和新兴经济体企业 OFDI 都有利用与寻求动机，但相对重要性可能存在差异。从组织学习理论的角度看，资产利用型 OFDI 与资产寻求型 OFDI 都可以为母公司带来逆向知识转移和创新绩效（March，1991），并通过溢出效应带动母国产业、地区及国家技术进步。随着中国 OFDI 的快速发展，国内学者也开始关注中国 OFDI 的逆向技术溢出问题。赵伟等（2006）利用 1985～2004 年的时间序列回归，验证了外商直接投资流出对国内全要素生产率增长具有一定的促进作用，但是这种促进作用较为微弱。陈浦秋杭等（2020）基于 2009～2019 年江苏省 13 个地级市的面板数据的研究发现，OFDI 对各地区的全要素生产率产生了显著的正向影响。地区发展水平越高，OFDI 逆向技术溢出效应越明显。王英和刘思峰（2008）将外商直接投资流出视为若干溢出渠道之一，基于类似于赵伟等（2006）的时间序列数据，测量了每个渠道的溢出效应大小，却得出了与之完全相反的结论，即 FDI 流出对我国技术进步具有抑制作用。邹玉娟和陈漓高（2008）、白洁（2009）、谢申祥等（2009）、刘伟全（2010）等学者采用不同的指标、基于不同的视角对该问题进行了研究。研究同样表明，OFDI 对中国技术进步的作用不是很显著。霍忻和刘宏（2016）在 L-P 模型的基础上，基于 1985~2013 年中国的 OFDI 数据进行研究发现，中国企业进行 OFDI 确实能够影响本国的创新能力，但影响效果不及外商投资、进口贸易和国内研发。而李梅和柳士昌（2012）基于 2003~2009 年中国省际面板数据，对中国企业进行 OFDI 是否存在逆向技术溢出效应进行了深入研究。研究发现，中国企业 OFDI 对母国企业创新绩效具有显著的促进作用，即中国企业 OFDI 存在逆向技术溢出效应。刘明霞和王学军（2009）、刘明霞（2010），阚大学（2010）、沙文兵（2012）、陈菲琼等（2013）、曾瑞设（2014）、孟青兰（2017）、刘晓丹和衣长军（2017）等研究也得出了类似结论。

相对于宏观层面的 OFDI 逆向技术溢出效应的研究，微观层面的研究起步较晚。Vahter 和 Masso（2006）对企业层面的面板数据进行了实证研究，发现 OFDI 对微观层面的母公司具有显著的溢出效应。Pradhan 和 Singh（2008）对印度汽车产业的研究也表明 OFDI 对国内母公司具有显著的技术溢出效应。付永萍和马永（2015）以我国 500 家战略性新兴产业上市公司为研究对象，研究结果表明，OFDI 能够提升我国战略性新兴企业的创新绩效。有学者指出采用简单的回归分析方法，可能存在"自选择性误差"及"混合性误差"等内生性问题，从而影响实证结果的准确性和科学性。企业 OFDI 的"自选择"问题往往给估计结果带来很大的干扰，即 OFDI 企业在投资之前就比非 OFDI 企业拥有更多的企业技术创新。如果直接将非 OFDI 企业与 OFDI 企业进行比较，所得到的估计结果无疑是不可信的。因为我们无法区分 OFDI 企业创新能力的提升是由投资前的"自选择效应"还是投资后的"逆向技术溢出效应"造成的。已有学者提出采用倾向得分匹配方法（PSM）估计 OFDI 对企业创新的因果效应（肖慧敏和刘辉煌，2014；毛其淋和许家云，2014；衣长军等，2017）。倾向得分匹配方法的基本思想是构建一个非 OFDI 企业组（对照组），在开展对外直接投资之前，该企业组与 OFDI 企业组（实验组）的主要特征基本相同或相似，通过匹配对照组中企业与实验组中企业，匹配后的企业组之间在其他方面相同或相似，唯一的区别就是实验组企业实施了对外直接投资，而对照组企业没有实施对外直接投资，匹配后对照组企业因变量的输出值就可以最大限度地近似替代实验组的"反事实"输出，在此基础上再比较实验组与对照组之间技术创新特征变量的差异，由此产生的差异即可归因于企业 OFDI 行为。目前各学者在数据以及匹配向量的选择上并不一致，其科学性仍值得进一步探讨。

2.2.3.2　OFDI 逆向技术溢出效应影响因素的相关研究

综上所述，国内外学者基于宏观和微观视角对跨国公司 OFDI 逆向技术溢出效应的存在性进行了研究。随着研究的深入，也有学者将关注点转向了跨国企业 OFDI 逆向溢出效应的影响因素上。

地区制度环境如何影响中国 OFDI 逆向技术溢出是近年来学者们关注的一个热点问题。李衡（2019）的研究结果表明，制度发展是获取 OFDI 逆向技术溢出的重要条件。总体市场化进程和法治化水平的提升以及政府与市场良好的关系显著促进了 OFDI 逆向技术溢出。陈亮（2019）的研究也表明，金融规模、量维度金融结构和质维度金融结构等金融环境的完善对中国 OFDI 逆向技术溢出至关重要。章志华（2019）的研究发现，OFDI 逆向技术溢出对技术创新的影响存在双重门槛效应。当环境规制强度低于第一门槛值时，OFDI 逆向技术溢出对技术创新没有产生显著影响；当环境规制强度高于第一门槛值时，OFDI 逆向技术溢出显著提升了技术创新能力；当环境规制强度高于第二个门槛值时，这一促进作用有所减弱。荣枢等（2020）发现，只有当各地区的政府扶持高于一定的门槛水平时，OFDI 才能促进全要素生产率的增长，说明政府扶持在促进中国 OFDI 的逆向技术溢出中发挥重要作用。周经和黄凯（2020）发现，转型时期中国的产品市场分割削弱了 OFDI 逆向技术溢出的创新效应，但适度的劳动力市场分割和资本市场分割一定程度上提升了 OFDI 逆向技术溢出的创新效应。

Cohen 等（1990）在研究知识技术的外部性时，最先提出吸收能力的概念，指出逆向技术溢出的效果在很大程度上取决于获得方的吸收能力。Borensztein 和 Gregorio（1998）以及 Gorg 和 Greenaway（2004）等进一步研究发现，仅当母国的吸收能力达到"门槛值"的时候，OFDI 才会对该国技术进步产生显著的促进作用。国内学者茹玉骢（2004）指出，吸收能力是 OFDI 促进母国技术进步的先决条件，若跨国企业及母国没有足够的吸收能力去消化、吸收和模仿外部获得的先进技术，那么，对外直接投资获得的技术溢出将难以转化为提升母国技术创新能力的推动力。母国及母公司的吸收能力是 OFDI 逆向技术溢出效应的重要影响因素的结论得到了大多数学者的支持。林青和陈湛匀（2008）研究发现，母国的整体教育水平和研发水平是影响该国逆向技术溢出效应的重要因素。阚大学（2010）、霍忻和刘宏（2016）、周乐意和殷群（2016）、孟青兰（2017）也分别从人力资本、金融发展、经济开放度和技术差距等角度对我国 OF-DI 逆向溢出效应的影响因素进行了分析。李梅（2010）的研究进一步把吸收能力分为研发资本吸收能力和人力资本吸收能力，并对这两种吸收能力与 OFDI 逆向技术溢出效应之间的关系进行了检验。进一步地，张宇（2008）、蔡之兵和周俭初（2012）、李梅和柳士昌（2012）等采用 Hansen 非动态面板门槛回归模型检验了逆向溢出中的吸收能力的门槛特征。孔群喜等（2019）的研究也发现，人力资本吸收能力一定程度上影响了中国企业 ODI 逆向技术效应的发挥，并进一步带来了区域绿色生产率水平提升，其作用过程具有一定的"门槛条件"。

付海燕（2014）使用 10 个典型发展中国家的对外直接投资数据，分析了投资区位与逆向技术溢出效应之间的关系，结果表明投资区位对逆向技术溢出效应具有重要影响。可见，东道国也是 OFDI 逆向技术溢出效应的重要影响因素。欧阳艳艳（2010）指出影响中国 OFDI 逆向技术溢出的因素还包括东道国的研发资本、人均国民收入以及中国的 GDP。蔡冬青和周经（2012）从东道国角度出发考察了东道国研发投入、人力资本及经济政策对我国 OFDI 技术溢出效应的影响，并指出在进行投资决策时应综合考虑东道国的制度环境。沙文兵（2014）使用东道国的面板数据研究东道国制度环境、创新水平等因素对逆向溢出效应的影响，发现东道国创新水平对逆向技术溢出效应具有促进作用。

也有学者考察了双边因素对我国 OFDI 的影响，但主要集中于其对投资区位以及投资决策影响的研究上，而对创新绩效的研究相对不多。Shirodkar 和 Konara（2016）指出，国际化进程中体现国家之间制度环境差异的制度距离是影响跨国公司战略选择和创新绩效的重要因素之一。此外，两国之间的地理距离和文化距离也被认为是影响 OFDI 逆向技术溢出效应的重要因素（Kang 和 Jiang，2012；Grilliches，1979）。沙文兵（2014）认为东道国与母国的文化差异也是影响逆向技术溢出效应的重要因素，文化差异能够阻碍逆向技术溢出效应的获得。

中国传统商业文化以及转型时期欠完善的制度环境，使中国企业在商业运作中倾向于通过关系网络等非正式机制来减少市场不确定性或降低交易成本。这种非正式制度机制同样会影响中国企业的 OFDI。市场机制的欠缺使中国企业通常依靠社会关系网络来获取外部资源，它们在跨国经营时会延续本国的网络发展模式，例如运用东道国的族裔优势在东道国获取技术资源、提升创新能力等。海外华侨华人网络可能为解释中国企业 OFDI 逆向技术溢出效应提供一个全新的研究视角。企业技术创新过程中主要是通过外部关系网络和内部吸收转化能力获取技术知识，并将其运用到新产品研发过程中，以此提高企业技术创新能力。良好的外部关系网络可以创造更多技术共享的机会，促进技术扩散。首先，关系网成员可以提供更多客户资源和供应商信息，有利于企业解读客户需求，明确研发动态。其次，关系网成员之间存在高度的信任感，有利于"隐性知识"的转移和吸收。因此，良好的关系网络有利于企业整合网络伙伴资源，实现技术扩散，提高技术创新绩效。在"走出去"战略背景下，海外华侨华人网络作为本国族裔关系网络的延续，是跨国企业社会关系网络的重要组成部分，对中国企业 OFDI 逆向技术溢出效应可能产生影响。

从上述文献研究结果可以看出，国内外学者对 OFDI 逆向技术溢出效应的影响因素进行了较为全面的考察，主要分为两大类：一是基于母国及母公司吸收能力的因素的探讨，如母国制度环境、人力资本水平、研发投入、技术差距、地区差异等因素；二是基于东道国的溢出效应因素的研究，如东道国制度环境、人力资源流动、创新水平、区位等因素。现有研究主要关注这些"硬变量"对 OFDI 企业的影响，而忽视了社会资本如海外华侨华人网络等极其重要的"软变量"的影响作用，也忽略了不同组织学习特征对于技术创新影响，对其作用机制的研究更为匮乏。在为数不多的文献中，衣长军等（2017）考察了海外华侨华人网络与企业对外直接投资逆向技术溢出效应的关系，提出海外华侨华人网络与 OFDI 逆向技术溢出之间并不是简单的线性关系的结论，但该文未从理论上论述华侨华人网络对 OFDI 逆向技术溢出效应的影响机制，对组织学习调节机理和内生性问题等方面也尚未深入研究。作为社会关系网络的海外华侨华人群体具有本土化与国际化双重特征，中国 OFDI 子公司自然会嵌入东道国海外华侨华人网络之中，这是中国企业"走出去"的一个天然优势。中国从官方到民间都希望海外华侨华人网络能够为中国企业 OFDI "牵线搭桥"。但是学术界对海外华侨华人网络如何影响中国企业"走出去"的进程还缺乏深入的、机理性的剖析和思考。在此背景下，研究分布全球的华侨华人网络对中国跨国企业创新能力影响的机制机理则具有重要的理论价值与现实意义。

第3章　海外华侨华人网络对中国企业 OFDI 的促进效应检验

与已有的基于宏观层面数据研究文献不同，本章利用上市公司微观层面的数据进行检验，不但可以更直接地检验海外华侨华人网络对中国企业 OFDI 的影响，也可以与宏观层面数据检验结果相互印证。海外华侨华人网络影响中国企业 OFDI 的重要机制能够弥合国家间的差异而起到润滑剂的作用，本章进一步检验文化距离和制度距离是否能调节海外华侨华人网络与中国企业 OFDI 之间的关系。

3.1　问题提出

近年来，中国跨国企业在海外迅速扩张生产规模和布局全球网络，中国从吸引外国直接投资的大国逐渐成为 OFDI 来源国。根据《2019 年度中国对外直接投资统计公报》相关数据统计（见表 3 - 1），2019 年中国对外直接投资 1369.1 亿美元，流量规模仅次于日本（2266.5 亿美元）。2019 年末，中国对外直接投资存量达 2.2 万亿美元，次于美国（7.7 万亿美元）和荷兰（2.6 万亿美元）。中国对外直接投资中的影响力不断扩大，流量占全球比重连续 4 年超过一成，2019 年占 10.4%；存量占 6.4%。从表 3 - 1 可以看出，自 2003 年起，中国 OFDI 流量和存量在全球位次的总体趋势是不断上升。OFDI 流量从 2003 年的第 21 位迅速上升到 2019 年的第 2 位，OFDI 存量从 2003 年的第 25 位迅速上升到 2019 年的第 3 位。截至 2019 年底，中国超 2.75 万家境内投资者在全球 188 个国家（地区）设立对外直接投资企业 4.4 万家，全球 80% 以上的国家（地区）都有中国的投资,年末境外企业资产总额7.2万亿美元。在"一带一路"沿线国家设立境外企业超过1万家,2019年当年实现直接投资186.9亿美元,同比增长4.5%,占同期流量的13.7%;年末存量1794.7亿美元,占存量总额的8.2%。2013~2019年中国对"一带一路"沿线国家累计直接投资1173.1亿美元。

表3-1　中国对外直接投资流量、存量的全球位次

年　　份	流量全球位次	存量全球位次
2003	21	25
2004	20	27
2005	17	24
2006	13	23
2007	17	22
2008	12	18
2009	5	16
2010	5	17
2011	6	13
2012	3	13
2013	3	11
2014	3	8
2015	2	8
2016	2	6
2017	3	2
2018	2	3
2019	2	3

资料来源:《2019年度中国对外直接投资统计公报》。

具有稀缺性异质性资源是企业获得持续竞争力的关键(Peteraf,1993)。尤其是对于全球市场"后来者"和"新来者"的中国跨国企业而言,异质性资源在企业OFDI活动中可能发挥着重要的边界条件作用(Xia等,2013)。相较于发达经济体,中国更加注重"关系文化",海外子公司不可避免会嵌入东道国移民关系网络之中。据国侨办相关数据显示,海外华侨华人人数已经超过6000万,海外华侨华人社团网络逾2.5

万个，分布在全球近 200 个国家和地区。海外华人移民网络作为母国企业
与东道国联系的一种重要的外部关系网络，一方面能够为企业提供丰富的
信息资源，减少母国与东道国市场的信息不对称和交易成本（Javorcik
等，2011）；另一方面能够为企业提供一种独特的知识渠道，有助于企业
的当地学习和知识转移（Hernandez，2014）。作为中国企业"走出去"
的一个天然优势，中国政府及企业都希望海外华侨华人移民网络能为 OF-
DI "牵线搭桥"。海外华侨华人网络融合了中西方文化，具有本土化和国
际化双重特征。中国 OFDI 企业若能充分利用海外华侨华人网络，将会使
其成为海外经营独特竞争优势的重要来源。企业国际化过程是其利用自身
和外部资源不断嵌入国际网络的动态过程。庞大的海外华侨华人网络是否
以及如何影响中国企业国际化决策成为一个值得研究的问题。从表 3 - 2
可以直观地看出，在中国对外直接投资存量前 20 位的国家（地区）中，
中国香港、新加坡、印度尼西亚、中国澳门、老挝、马来西亚等都是华人
分布较广的国家（地区）。

表 3 - 2　2019 年末中国对外直接投资存量前 20 位的国家（地区）

序　号	国家（地区）	存量（亿美元）	比重（%）
1	中国香港	12753.6	58.0
2	开曼群岛	2761.5	12.6
3	英属维尔京群岛	1418.8	6.5
4	美国	778.0	3.5
5	新加坡	526.4	2.4
6	澳大利亚	380.7	1.7
7	荷兰	238.5	1.1
8	英国	171.4	0.8
9	印度尼西亚	151.3	0.7
10	德国	142.3	0.7
11	加拿大	140.9	0.6
12	卢森堡	139.0	0.6
13	俄罗斯联邦	128.0	0.6
14	中国澳门	98.5	0.4
15	瑞典	85.8	0.4

序　　号	国家（地区）	存量（亿美元）	比重（%）
16	百慕大群岛	83.4	0.4
17	老挝	82.5	0.4
18	马来西亚	79.2	0.4
19	阿拉伯联合酋长国	76.4	0.3
20	哈萨克斯坦	72.5	0.3
	合　　计	20308.7	92.4

资料来源：《2019 年度中国对外直接投资统计公报》。

已有利用宏观层面数据的实证研究证实了华侨华人网络促进了中国对东道国的直接投资。吴群锋和蒋为（2015）发现东道国华侨华人分布正向影响中国的对外直接投资。陈初昇等（2017）以"一带一路"沿线国家的对外直接投资面板数据为样本基础，运用 Hansen 非线性面板门槛模型检验海外华侨华人网络对我国 OFDI 影响，研究结果表明，活跃的海外华侨华人网络可以促进中国 OFDI。目前基于微观企业层面数据检验海外华侨华人网络对中国企业 OFDI 影响的文献相对较少，本章利用上市公司数据的检验可以丰富这一领域的文献。本章进一步检验文化距离和制度距离对海外华侨华人网络与中国企业 OFDI 之间关系的调节效应，可以深化海外华侨华人网络对中国企业 OFDI 影响边界条件的理解。

3.2　理论分析与研究假设

基于理性决策和利润最大化假设，传统的企业国际化理论认为东道国的市场条件、要素禀赋、投资风险、制度环境等区位变量是影响企业国际化的重要因素，忽视了企业国际化行为处于复杂的关系网络环境之中（王茂军和徐永平，2017）。近年来，关系视角成为解释企业国际化行为的重要视角（贺灿飞等，2013）。从关系网络的视角看，跨国公司除了嵌入母国社会网络之外，其海外子公司与所处的当地经济社会环境也构成了网络（Andersson 等，2002）。通过不断加入一个又一个社会网络，企业才可以顺利地开展跨国运营（周政可等，2019），国际化实际上是跨国公司不断嵌入东道国社会网络的过程。在这一嵌入过程中，"关系"发挥着非常重要的作用。这一作用不仅仅体现在国际化决策过程中（如区位选择以及进入模式选择等），也体现在国际化战略执行过程中。从关系网络视角看，母国在东道国的移民网络可以成为跨国公司嵌入东道国社会网络的重要纽带，是跨国企业国际化过程中可以利用的重要关系资产。移民网络是一种通过信任建立起来的、已融入当地社会但未被完全同化的关系网络，它可以克服与跨国合同执行相关的非正式障碍。移民在东道国期间通过接触和了解当地的商业规则和风俗文化，成为东道国潜在投资者和母国经营者之间的联络人，或母国 OFDI 的本地合作伙伴。移民相较于母国企业拥有更多关于东道国的市场信息，能够有效刺激双边贸易，降低双边投资壁垒，降低跨国交易风险，克服跨国贸易和投资障碍。在异质性企业框架下，以交易成本理论为基础，范兆斌和杨俊（2015）运用数理模型证明了海外移民网络的内部治理机制有助于提高国际交易合约的执行效率，降低直接投资活动中的交易成本，从而促进移民来源国外向型直接投资的发展。在国际商务领域，移民网络被视为国家之间信息传递的一种重要资源。移民网络能够为企业提供一种独特的知识渠道，有助于企业的当地学习和知识转移，进而影响业在海外投资的区位选择和生存能力。移民网络也能够降低跨境投资壁垒，帮助企业在东道国建立市场合法性，进而促进双边 FDI。

海外华侨华人网络是世界移民网络中的重要一支。遍布全球的 6000 多万华侨华人熟悉所在国经济、文化和社会环境，善于融合多元文化，是中国企业融入全球经济的重要合作伙伴和中介。海外华侨华人通过地缘、亲缘和业缘等关系在世界各地建立众多华人社团，一国华人社团通过联系形成该国的华侨华人网络，各国华侨华人网络又通过世界华人联合会（总会）相互联系形成覆盖全球的华侨华人网络。当企业在某一个东道国进行多次投资时，企业一般仅利用该国的海外华侨华人网络，企业所联系的每一个华人社团即为网络中的节点；当企业扩展不同的海外市场时，企业会利用不同国家的海外华侨华人网络，此时以国家为单位的华侨华人网络即为网络中的节点。掌握目标国政治、文化、制度、市场等方面的基本知识和信息是中国企业"走出去"的前提条件。获得市场、人才、资金等资源是成功进行风险防范和化解投资障碍的关键。中国的跨国公司通过与东道国的某一华侨华人社团联系，便可获得该国乃至全球华侨华人网络的协助，使信息和资源以低风险和低成本在网络中传递，有助于企业规避风险，提高投资利润。此外，海外华侨华人网络不仅可以减少中国企业在OFDI过程中的信息不对称现象，海外华侨华人网络内部惩罚机制还能够减少企业国际投资过程中的机会主义（Rauch 和 Trindade，1999）。海外华侨华人网络有助于中国企业降低跨国交易的"搜寻成本"，降低交易风险和不确定性；特别是在那些法律不健全的地区，海外华侨华人网络可以降低合同的履行成本，提高海外运营的效率。近年来，东道国的国家安全和产业安全审查制度对中国企业跨国投资，特别是跨国并购行为产生了严重的负向影响。借助东道国华人网络，我国跨国企业可以在进入东道国前事先了解相关法规和监管制度，避免潜在的投资损失；进入东道国后也可以尽快适应东道国法律和监管规则，降低合规成本，获取合法性，提高投资绩效。因此，海外华侨华人网络对中国企业投资决策具有重要影响。

受传统关系文化以及转型经济时期特定制度环境的影响，中国企业在商业经营中倾向于通过关系网络这一非正式机制来获取资源，应对市场不确定性。中国企业在国际化过程中也会延续母国的这一经营模式。海外华侨华人网络是中国企业可以充分利用的重要关系资产。中国的跨国公司通过与海外华侨华人网络的联系将海外华侨华人网络转化为自身在该东道国网络关系中的一部分，企业也更愿意投资于关系网络丰富的市场，且拓展速度更快。在快速国际化背景下，企业管理者没有足够的时间收集信息，不能充分评估投资项目风险，企业会面临更加复杂和多样的海外市场风险，需要有更高的风险承担能力。风险承担能力的高资源依赖性所带来的外来者劣势则可以通过嵌入海外华侨华人网络得以弥补。综上，提出以下假设。

假设 1：东道国华侨华人网络正向影响中国企业 OFDI。

国家间文化距离和制度距离是影响企业 OFDI 区位选择的重要因素。由各国文化差异形成的文化距离的增加加大了跨国公司经理人员获取东道国运营知识的难度，增加了信息和知识解释成本，容易导致对东道国经营环境的误解（Dow 和 Karunaratna，2006）。而跨国公司为了能在东道国成功运营，需要在东道国复制已有的知识和惯例。文化距离的增加会影响隐性知识和惯例的转移和吸收（Flores 和 Aguilera，2007），影响跨国公司 OFDI。国家之间制度差异形成了制度距离，制度距离的存在使得跨国企业在东道国市场运营时主要面临两种外来者劣势：一是难以在东道国获取组织合法性，二是使跨国界转移组织惯例面临困难（Xu 和 Shenkar，2002）。母国与东道国文化和制度距离越大也意味着跨国公司海外经营所面临的外部环境越复杂，企业国际化经营风险将越高，企业需要越多资源（物质资源、信息资源）提高风险承担能力。所以，当母国和东道之间的文化和制度距离越大时，海外华侨华人网络帮助跨国企业获取异质性资源、降低信息不对称现象和减少机会主义行为的作用可能越明显，海外华侨华人网络对企业 OFDI 的促进作用会被强化。换句话说，如果全球华侨华人网络能够弥合国家间差异而起到润滑剂的作用，那么对于与母国文化和制度距离更大的东道国，全球华侨华人网络对中国跨国企业 OFDI 的促进效应将更为明显。基于以上分析，提出以下假设：

假设 2：文化距离会强化东道国华侨华人网络对中国企业 OFDI 的正向影响；

假设 3：制度距离会强化东道国华侨华人网络对中国企业 OFDI 的正向影响。

3.3　数据样本与研究设计

3.3.1　样本选择

本章以 2008～2018 年中国沪深 A 股企业为实证对象，以商务部公布的《境外投资企业（机构）名录》为基准，通过与沪深上市公司名单数据库匹配得到中国"走出去"上市公司名单，并通过翻阅公司年报获取上市公司的海外子公司信息，得到中国企业 OFDI 数据。利用国泰安数据库（CSMAR）、锐思数据库（RESSET）获得企业微观层面数据。参照已有研究的做法，删除所属行业为金融业的企业样本以及投资东道国（地区）为"避税天堂"的研究样本。为了避免极端值对回归结果产生的干扰，对主要连续变量进行1%的 Winsorize 处理。删除数据缺失样本，最终观察值为5357。

3.3.2 指标设计与数据说明

（1）被解释变量

企业对外直接投资（OFDI）：以往研究多采用 OFDI 金额衡量企业 OFDI 水平，由于可能存在某些 OFDI 金额数目十分庞大的项目，从而无法客观反映海外投资的真实流向，因此，本书参照 Wang 等（2012）的做法，以中国企业在东道国直接投资项目数来测量企业 OFDI。

（2）解释变量

海外华侨华人网络（Chi）：借鉴杨希燕和唐朱昌（2011）的方法，使用东道国的中国移民存量除以相应各年东道国人口总数的比例近似度量东道国华侨华人网络的联系强度和联系频率。数据来源于联合国移民数据库。

（3）调节变量

文化距离（CD）：采用 Hofstede（1980）的文化价值观评价体系来计算母国和东道国的文化距离，该评价体系包括权力距离（power distance）、男性主义（masculinity）、不确定性避免（uncertainty avoidance）和个人主义（individualism）四个指标，数据来源于 Hofstede 网站，该网站提供了各个国家文化维度的量化取值。在获取各国有关文化各项指标数据之后采用 Kogut 和 Singh（1988）提出的 Kogut - Singh 距离指数公式计算各东道国与中国总体的文化距离。

制度距离（ID）：为了避免单一指标的片面性和异常波动性，我们采用政治稳定性、政府效率、公民权利、规制质量、法律法规和腐败控制程度6项指标来衡量国家制度。6项指标数据均来源于世界银行全球治理指标（World Governance Indicators，WGI），能够较为全面地反映一国（地区）的制度质量。在获取各国有关制度指标数据之后，采用 Kogut 和 Singh（1988）提出的 Kogut - Singh 距离指数公式测量制度距离变量。

（4）控制变量

参照已有文献，控制变量包括东道国层面控制变量和企业层面控制变量。东道国层面控制变量包括：市场规模、经济发展程度、经济稳定性。企业层面的控制变量包括所有制、企业年龄、企业规模、创新能力、盈利能力、CEO 海外背景、两职合一。

控制变量具体表示如表 3 - 3 所示。

表 3 - 3　控制变量

变　量		变量标识	变量描述	数据来源
东道国层面	市场规模	GDP	东道国各年 GDP	世界银行数据
	经济发展程度	PGDP	东道国各年人均 GDP	
	经济稳定性	inflation	通货膨胀率	
企业层面	国家所有权	state	国有企业赋值为 1，非国有企业赋值为 0	国泰安数据库
	企业年龄	age	观察年份减去成立年份	
	企业规模	size	企业员工总数取对数	
	创新能力	innovation	无形资产占总资产比例	
	盈利能力	ROA	ROA	
	CEO 海外背景	oversea	CEO 具有海外学习或工作经历取 1，否则取 0	
	两职合一	dual	CEO 兼任董事长取 1，否则取 0	

3.3.3　描述性统计与相关系数矩阵

表 3 - 4 列出了变量的描述性统计与相关系数矩阵。进一步 VIF 检验显示最大的 VIF 为 2.900，远小于临界值 10，VIF 检验也说明模型不存在多重共线性问题。

3.3.4　计量模型设定

$$OFDI_{ijt} = \alpha_0 + \beta_1 Chi_{jt} + \beta_2 MOV_{jt} + \beta_3 Chi_{jt} \times MOV_{jt} + \beta_4 Control_{ijt} + \eta_t + \varepsilon_{ijt} \quad (1)$$

其中，i 表示企业，j 表示东道国，t 表示年份，$OFDI_{ijt}$ 即为企业 i 于年份 t 在东道国 j 的 OFDI 项目数。MOV 为调节变量文化距离（CD）和制度距离（ID）。α_0 为常数项，β 为各个解释变量的系数，η_t 为年份固定效应，ε_{ijt} 为随机扰动项。

表 3－4　变量的描述性统计与相关系数矩阵

	OFDI	Chi	CD	ID	GDP	PGDP	inflation	state	age	size	innovation	ROA	oversea	dual
OFDI	1													
Chi	0.048***	1												
CD	0.040***	-0.365***	1											
ID	0.067***	0.361***	0.528***	1										
GDP	0.034**	-0.180***	0.493***	0.321***	1									
PGDP	0.081***	0.299***	0.630***	0.825***	0.500***	1								
inflation	-0.046***	-0.179***	-0.275***	-0.491***	-0.279***	-0.541***	1							
state	-0.0160	0.042***	-0.068***	-0.00900	-0.093***	-0.071***	0.091***	1						
age	0.064***	-0.0150	-0.039***	-0.085***	-0.0130	-0.038***	-0.042***	0.077***	1					
size	0.060***	-0.033*	-0.044***	-0.083***	-0.070***	-0.084***	0.062***	0.292***	0.101***	1				
innovation	0.053***	-0.0160	0.028*	0.0220	-0.023*	0.0210	-0.0160	0.035***	0.130***	0.056***	1			
ROA	-0.0130	-0.032**	0.0150	-0.027*	0.0110	-0.0160	0.0160	-0.060***	-0.054***	0.040***	-0.071***	1		
oversea	0.00300	0.00500	0.0140	0.00200	0.026**	0.027**	-0.033**	-0.068***	-0.071***	-0.027**	-0.0210	-0.028**	1	
dual	-0.0210	-0.00500	0.0140	0.0110	0.054***	0.033**	-0.052***	-0.298***	-0.00300	-0.144***	-0.024*	0.052***	0.049***	1
均值	1.357	0.0084	2.555	2.765	28.040	10.100	2.586	0.287	15.770	8.417	0.0466	0.0456	0.155	0.304
标准差	1.407	0.0180	1.276	1.503	1.834	1.184	3.118	0.452	6.012	1.320	0.0452	0.0762	0.362	0.460
N = 5357														

注：***、**、* 分别表示在1%、5%、10%水平上显著。

3.4　实证结果分析

由于企业 OFDI 项目数为离散变量，因此用 Poisson 模型进行检验，结果如表 3 - 5 所示。列 (1) 海外华侨华人网络 (Chi) 系数在 5% 水平显著为正，说明海外华侨华人网络与企业 OFDI 显著正相关，假设 1 得到了验证。通过嵌入当地华侨华人网络，中国企业可以降低与 OFDI 决策相关的信息收集成本和交易成本。跨国公司与海外华侨华人网络结合，其海外经营风险会显著降低，跨国公司自身风险承担能力得到提升。当东道国华侨华人网络强度较大时，对东道国市场越了解，跨国公司可以获取越多的异质性知识资源。企业利用这些异质性资源，有利于提升 OFDI 效率，也有利于企业适应不同的市场环境开发新市场，海外华侨华人网络对中国企业 OFDI 决策产生了积极影响。

表 3 - 5　Poisson 模型检验结果

	(1) OFDI	(2) OFDI	(3) OFDI	(4) OFDI
Chi	2.2417 ** (1.1280)	0.6656 (1.3934)	7.7989 (6.9950)	6.4358 (7.0367)
CD	0.0116 (0.0190)	0.0011 (0.0198)	0.0116 (0.0190)	0.0010 (0.0199)
ID	0.0127 (0.0160)	0.0056 (0.0165)	0.0175 (0.0171)	0.0106 (0.0175)
Chi × CD		2.6162 * (1.3436)		2.6371 ** (1.3451)
Chi × ID			- 1.3564 (1.6865)	- 1.4119 (1.6895)
GDP	0.0060 (0.0083)	0.0030 (0.0084)	0.0056 (0.0083)	0.0026 (0.0084)
PGDP	0.0463 * (0.0257)	0.0526 ** (0.0260)	0.0412 (0.0265)	0.0473 * (0.0267)

续表

	(1) OFDI	(2) OFDI	(3) OFDI	(4) OFDI
inflation	0.0022	0.0023	0.0021	0.0022
	(0.0050)	(0.0050)	(0.0050)	(0.0050)
state	−0.0886***	−0.0891***	−0.0878***	−0.0883***
	(0.0296)	(0.0296)	(0.0296)	(0.0296)
age	0.0073***	0.0073***	0.0073***	0.0073***
	(0.0022)	(0.0022)	(0.0022)	(0.0022)
size	0.0543***	0.0546***	0.0541***	0.0544***
	(0.0095)	(0.0095)	(0.0095)	(0.0095)
innovation	0.8661***	0.8428***	0.8658***	0.8422***
	(0.2461)	(0.2460)	(0.2461)	(0.2460)
ROA	−0.1098	−0.1100	−0.1112	−0.1114
	(0.1521)	(0.1522)	(0.1521)	(0.1522)
oversea	0.0133	0.0139	0.0125	0.0131
	(0.0328)	(0.0328)	(0.0328)	(0.0328)
dual	−0.0624**	−0.0613**	−0.0629**	−0.0617**
	(0.0271)	(0.0271)	(0.0271)	(0.0271)
cons	−0.9907***	−0.9482***	−0.9407***	−0.8952***
	(0.2646)	(0.2656)	(0.2717)	(0.2729)
year	Yes	Yes	Yes	Yes
N	5357	5357	5357	5357
Pseudo R^2	0.0117	0.0120	0.0118	0.0120

注：***、**、*分别表示在1%、5%、10%水平上显著；括号内为标准误。

列（2）海外华侨华人网络（Chi）和文化距离（CD）的交乘项系数显著为正，说明在那些与中国文化距离较大的东道国，海外华侨华人网络对中国企业 OFDI 的促进效应更强。假设 2 得到验证。列（3）海外华侨华人网络（Chi）和制度距离（ID）的交乘项系数不显著，假设 3 没有得到验证。列（4）将海外华侨华人网络（Chi）和文化距离（CD）的交乘项以及海外华侨华人网络（Chi）和制度距离（ID）的交乘项同时纳入回归方程，回归结果不变。以上检验结果说明，全球华侨华人网络在弥合国家间的文化差异中起到的润滑作用较强。表 3 - 6 报告了利用负二项模型估计结果。列（1）海外华侨华人网络（Chi）系数显著为正，列（2）海外华侨华人网络（Chi）和文化距离（CD）的交乘项系数显著为正，列（3）海外华侨华人网络（Chi）和制度距离（ID）的交乘项系数不显著。利用负二项模型进行估计的结果与利用 Poisson 模型估计结果没有显著区别，说明检验结果较为稳健。

表 3 - 6　负二项模型估计结果

	（1） OFDI	（2） OFDI	（3） OFDI	（4） OFDI
Chi	2.2237 * （1.1668）	0.6718 （1.4413）	7.6316 （7.2450）	6.2860 （7.2857）
CD	0.0115 （0.0196）	0.0012 （0.0205）	0.0115 （0.0196）	0.0011 （0.0205）
ID	0.0127 （0.0165）	0.0057 （0.0170）	0.0173 （0.0176）	0.0106 （0.0181）
Chi × CD		2.5755 * （1.3917）		2.5953 * （1.3930）
Chi × ID			- 1.3198 （1.7464）	- 1.3735 （1.7487）
GDP	0.0059 （0.0085）	0.0030 （0.0087）	0.0055 （0.0085）	0.0026 （0.0087）
PGDP	0.0460 * （0.0265）	0.0522 * （0.0267）	0.0411 （0.0273）	0.0470 * （0.0275）
inflation	0.0021 （0.0052）	0.0021 （0.0052）	0.0020 （0.0052）	0.0021 （0.0052）
state	- 0.0882 *** （0.0305）	- 0.0887 *** （0.0305）	- 0.0874 *** （0.0306）	- 0.0879 *** （0.0306）
age	0.0073 *** （0.0023）	0.0072 *** （0.0023）	0.0073 *** （0.0023）	0.0072 *** （0.0023）
size	0.0538 *** （0.0098）	0.0541 *** （0.0098）	0.0536 *** （0.0098）	0.0539 *** （0.0098）

续表

	（1） OFDI	（2） OFDI	（3） OFDI	（4） OFDI
innovation	0.8650 ***	0.8408 ***	0.8650 ***	0.8405 ***
	（0.2545）	（0.2545）	（0.2545）	（0.2545）
ROA	− 0.1094	− 0.1094	− 0.1106	− 0.1107
	（0.1582）	（0.1583）	（0.1582）	（0.1582）
oversea	0.0138	0.0144	0.0131	0.0137
	（0.0338）	（0.0338）	（0.0338）	（0.0338）
dual	− 0.0619 **	− 0.0607 **	− 0.0624 **	− 0.0612 **
	（0.0279）	（0.0279）	（0.0279）	（0.0280）
cons	− 0.9784 ***	− 0.9360 ***	− 0.9298 ***	− 0.8846 ***
	（0.2724）	（0.2734）	（0.2798）	（0.2810）
year	Yes	Yes	Yes	Yes
N	5357	5357	5357	5357
Pseudo R^2	0.0109	0.0112	0.0110	0.0112

注：***、**、*分别表示在1%、5%、10%水平上显著；括号内为标准误。

3.5　异质性检验

3.5.1　行业异质性

借鉴李笑和华桂宏（2020）、贺晓宇和秦永（2018）、彭红星和毛新述（2017）的做法，结合《战略性新兴产业分类目录》和《战略性新兴产业分类（2012）》，对照中国证监会制定的《上市公司行业分类指引（2012年修订）》文件进行筛选，确定了制造业（C），信息传输、软件和信息技术服务业（I），科学研究与技术服务业（M）三个门类行业和19个大类行业，即 C25、C26、C27、C28、C29、C31、C32、C34、C35、C36、C37、C38、C39、C40、C41、I63、I64、I65 和 M7 为高科技行业。

表3－7列（1）和列（2）报告了利用 Poisson 模型对高科技与非高科技行业企业进行分组检验的结果。可以看出，海外华侨华人网络对高科技行业企业 OFDI 的影响不再显著。与高科技行业企业相比，非高科技行

业企业更依赖于关系进行竞争，因此在海外扩张中对华侨华人网络的依赖更强。列（3）和列（4）报告了利用负二项模型进行检验的结果，发现与利用 Poisson 模型进行估计的结果一致。

表 3 - 7 高科技与非高科技行业企业分组检验结果

	Poisson 模型 高科技行业 （1） OFDI	Poisson 模型 非高科技行业 （2） OFDI	负二项模型 高科技行业 （3） OFDI	负二项模型 非高科技行业 （4） OFDI
Chi	- 1. 3367 (1. 4501)	6. 7777 *** (1. 8793)	- 1. 3367 (1. 4501)	6. 5448 *** (2. 0871)
CD	- 0. 0386 (0. 0241)	0. 0872 *** (0. 0316)	- 0. 0386 (0. 0241)	0. 0854 ** (0. 0350)
ID	0. 0095 (0. 0197)	- 0. 0131 (0. 0282)	0. 0095 (0. 0197)	- 0. 0120 (0. 0311)
GDP	0. 0140 (0. 0104)	0. 0035 (0. 0142)	0. 0140 (0. 0104)	0. 0035 (0. 0155)
PGDP	0. 0748 ** (0. 0330)	0. 0309 (0. 0420)	0. 0748 ** (0. 0330)	0. 0276 (0. 0460)
inflation	- 0. 0030 (0. 0066)	0. 0099 (0. 0079)	- 0. 0030 (0. 0066)	0. 0092 (0. 0086)
state	- 0. 1305 *** (0. 0392)	- 0. 0895 * (0. 0466)	- 0. 1305 *** (0. 0392)	- 0. 0836 (0. 0512)
age	0. 0012 (0. 0029)	0. 0141 *** (0. 0036)	0. 0012 (0. 0029)	0. 0135 *** (0. 0040)
size	0. 0327 *** (0. 0122)	0. 0972 *** (0. 0155)	0. 0327 *** (0. 0122)	0. 0924 *** (0. 0170)
innovation	0. 8676 ** (0. 3672)	0. 5489 (0. 3371)	0. 8676 ** (0. 3672)	0. 5407 (0. 3732)
ROA	- 0. 1474 (0. 1721)	0. 0444 (0. 3205)	- 0. 1474 (0. 1721)	0. 0759 (0. 3599)
oversea	0. 0628 * (0. 0380)	- 0. 0089 (0. 0683)	0. 0628 * (0. 0380)	- 0. 0102 (0. 0744)

续表

	Poisson 模型 高科技行业 （1） OFDI	Poisson 模型 非高科技行业 （2） OFDI	负二项模型 高科技行业 （3） OFDI	负二项模型 非高科技行业 （4） OFDI
dual	− 0.0016 （0.0326）	− 0.1376 *** （0.0512）	− 0.0016 （0.0326）	− 0.1286 ** （0.0562）
cons	− 1.1535 *** （0.3585）	− 1.2140 *** （0.3983）	− 1.1535 *** （0.3585）	− 1.1333 *** （0.4364）
year	Yes	Yes	Yes	Yes
N	3688	1669	3688	1669
Pseudo R^2	0.0068	0.0351	0.0068	0.0284

注：＊＊＊、＊＊、＊分别表示在1%、5%、10%水平上显著；括号内为标准误。

3.5.2　企业异质性

本书从企业所有制（国有和非国有）和 CEO 是否具有政治关联两个角度进行企业异质性检验。在中国经济转型时期的制度环境下，母国的制度也是影响企业 OFDI 的重要因素。一些制度性优势比如政府的扶持政策，会在很大程度上在很长的一段时间内影响甚至决定企业能否成功进行OFDI。所有权性质是影响企业 OFDI 行为的重要因素。基于资源基础观和制度经济学的观点认为，拥有资源和政策优势的国有企业有更强的意愿进行 OFDI。国家所有权决定了企业获取政府资源和受到政府支持的程度。随着国家所有权比例的提高，企业能获得的政府支持也越多，包括获得优惠利率贷款、国有银行贷款优先权、政府补贴、稀缺资源的获取、优先获取关于投资政策和投资机会的信息等。政府为企业提供的这些资源和政策优势是一种制度性优势，有助于克服企业跨国扩张的风险，弥补海外运营面临的外来者劣势，由此促进企业跨国扩张。在转型期的中国，政府对国有企业 OFDI 的支持力度是非国有企业无法相比的。无论是在投资信息获取、项目审批、项目融资，还是在海外投资保险等方面，国有企业都具有非国有企业不可比拟的优势。

国有企业具有的制度性优势使其在海外运营过程中对于海外华侨华

人网络这一非正式制度的依赖较少。但新制度理论认为，国有企业在 OFDI 过程中面临一种特殊的来自国有身份的合法性挑战和外来者劣势（Cuervo - Cazurra 和 Li，2020），即制度性劣势。合法性挑战是国家所有权抑制企业 OFDI 的重要原因。国有企业的跨国投资会面临更多的与政治和意识形态有关的障碍。东道国利益相关者认为得到政府支持的国有跨国公司不是纯粹的、"竞争中立"的商业组织，会对自由市场竞争带来消极影响，因此受到东道国与竞争相关的制度和政策的严格监管。

表 3 - 8 列（1）和列（2）报告了利用 Poisson 模型对国有与非国有企业进行分组检验的结果。可以看出，海外华侨华人网络对中国企业 OF-DI 的影响在国有企业样本中更显著。可能是国有企业由于自身国有身份的制度性劣势，在海外扩张中更依赖于海外华侨华人网络来获取合法性。列（3）和列（4）报告了利用负二项模型进行检验的结果，发现与利用 Poisson 模型进行估计的结果一致。

表 3 - 8　国有与非国有企业分组检验结果

	Poisson 模型 国有 （1） OFDI	Poisson 模型 非国有 （2） OFDI	负二项模型 国有 （3） OFDI	负二项模型 非国有 （4） OFDI
Chi	3.8800 * (2.0568)	1.7988 (1.3523)	3.8463 * (2.1037)	1.7742 (1.4044)
CD	0.0876 ** (0.0351)	- 0.0191 (0.0226)	0.0869 ** (0.0359)	- 0.0190 (0.0234)
ID	- 0.0017 (0.0288)	0.0162 (0.0193)	- 0.0014 (0.0294)	0.0162 (0.0200)
GDP	- 0.0121 (0.0156)	0.0146 (0.0098)	- 0.0120 (0.0160)	0.0144 (0.0101)
PGDP	0.0183 (0.0453)	0.0549 * (0.0314)	0.0177 (0.0463)	0.0546 * (0.0324)
inflation	0.0040 (0.0083)	0.0003 (0.0065)	0.0039 (0.0084)	0.0003 (0.0067)

续表

	Poisson 模型 国有 （1） OFDI	Poisson 模型 非国有 （2） OFDI	负二项模型 国有 （3） OFDI	负二项模型 非国有 （4） OFDI
age	0.0112*** （0.0042）	0.0069*** （0.0027）	0.0111*** （0.0042）	0.0068** （0.0028）
size	0.0587*** （0.0172）	0.0566*** （0.0116）	0.0580*** （0.0175）	0.0561*** （0.0120）
innovation	1.3611*** （0.4283）	0.6927** （0.3039）	1.3466*** （0.4376）	0.6989** （0.3154）
ROA	0.5183 （0.4617）	-0.1966 （0.1582）	0.5129 （0.4711）	-0.1964 （0.1663）
oversea	-0.0997 （0.0744）	0.0420 （0.0368）	-0.0990 （0.0758）	0.0421 （0.0382）
dual	-0.0290 （0.0827）	-0.0719** （0.0288）	-0.0277 （0.0843）	-0.0713** （0.0298）
cons	-0.5051 （0.4660）	-1.4182*** （0.3284）	-0.4916 （0.4751）	-1.4018*** （0.3390）
year	Yes	Yes	Yes	Yes
N	1536	3821	1536	3821
Pseudo R^2	0.0198	0.0117	0.0189	0.0108

注：***、**、*分别表示在1%、5%、10%水平上显著；括号内为标准误。

本书用 CEO 是否在各级政府部门担任过职务、担任各级人大代表或政协委员来衡量政治关联。表3-9列（1）和列（2）报告了利用 Poisson 模型对具有政治关联与不具有政治关联企业进行分组检验的结果。可以看出，海外华侨华人网络对中国企业 OFDI 的影响在具有政治关联样本中不再显著。可能是具有政治关联的企业由于自身所拥有的投资信息获取、融资等优势，在海外扩张中对海外华侨华人网络的依赖较少。列（3）和列（4）报告了利用负二项模型进行检验的结果，发现与利用 Poisson 模型进行估计的结果一致。

表 3 - 9　具有政治关联与不具有政治关联企业分组检验结果

	Poisson 模型 具有政治关联 （1） OFDI	Poisson 模型 不具有政治关联 （2） OFDI	负二项模型 具有政治关联 （3） OFDI	负二项模型 不具有政治关联 （4） OFDI
Chi	- 2. 1529 (2. 6916)	3. 0789 ** (1. 2505)	- 2. 1529 (2. 6916)	3. 0529 ** (1. 3042)
CD	- 0. 0154 (0. 0437)	0. 0187 (0. 0211)	- 0. 0154 (0. 0437)	0. 0186 (0. 0220)
ID	0. 0863 ** (0. 0365)	- 0. 0050 (0. 0179)	0. 0863 ** (0. 0365)	- 0. 0050 (0. 0186)
GDP	0. 0189 (0. 0196)	0. 0031 (0. 0091)	0. 0189 (0. 0196)	0. 0031 (0. 0095)
PGDP	0. 0030 (0. 0573)	0. 0598 ** (0. 0290)	0. 0030 (0. 0573)	0. 0593 ** (0. 0300)
inflation	0. 0176 (0. 0116)	- 0. 0006 (0. 0056)	0. 0176 (0. 0116)	- 0. 0008 (0. 0058)
state	- 0. 0163 (0. 0758)	- 0. 1019 *** (0. 0325)	- 0. 0163 (0. 0758)	- 0. 1012 *** (0. 0338)
age	0. 0067 (0. 0050)	0. 0070 *** (0. 0025)	0. 0067 (0. 0050)	0. 0069 *** (0. 0026)
size	0. 0753 *** (0. 0233)	0. 0519 *** (0. 0105)	0. 0753 *** (0. 0233)	0. 0513 *** (0. 0109)
innovation	0. 1807 (0. 5895)	0. 9860 *** (0. 2723)	0. 1807 (0. 5895)	0. 9857 *** (0. 2842)
ROA	0. 0093 (0. 2836)	- 0. 1698 (0. 1854)	0. 0093 (0. 2836)	- 0. 1708 (0. 1949)
oversea	- 0. 1343 * (0. 0733)	0. 0397 (0. 0372)	- 0. 1343 * (0. 0733)	0. 0405 (0. 0387)
dual	0. 0040 (0. 0579)	- 0. 0742 ** (0. 0321)	0. 0040 (0. 0579)	- 0. 0733 ** (0. 0333)
cons	- 1. 4109 ** (0. 6183)	- 0. 9555 *** (0. 2946)	- 1. 4109 ** (0. 6183)	- 0. 9404 *** (0. 3054)
year	Yes	Yes	Yes	Yes
N	1040	4317	1040	4317
Pseudo R^2	0. 0182	0. 0122	0. 0182	0. 0113

注：*** 、** 、* 分别表示在 1% 、5% 、10% 水平上显著；括号内为标准误。

3.5.3　地区异质性

已有研究母国制度环境对新兴市场国家企业 OFDI 影响的文献大多是跨国研究，其假设是国家之间的制度环境是异质的，而一国内部不同区域制度环境是同质的。基于中国渐进式的制度转型和大国情境，区域异质性制度环境对中国企业 OFDI 的影响是近年来学术界的一个热点话题。我国是一个处于经济转型期的新兴市场国家，渐进市场化转型与政府干预并存是转型时期重要的制度特征之一，这一特征对企业行为有着重要影响。所谓转型，亦称转轨，指的是经济体制或制度从一种模式转变为另一种截然不同的模式。市场化制度转型本身是具有多层面内涵的复杂体系，涉及要素配置、产品交易、金融服务、法律规范等多个层面。中国各地区的市场化进程差异明显，企业所在地区的市场化进程代表了相应的制度约束程度和经济发展水平。

特定的制度环境不但影响企业战略选择，还会影响企业资源和能力的形成，也就是说，制度环境本身是企业独特资源或能力形成过程中的内生变量。Peng（2002）指出，随着新兴市场国家市场化导向制度转型的深化，原来依靠关系的网络化发展模式的成本越来越高，收益越来越低。与之相反，以制度和规则为基础的市场化经营模式的成本逐渐降低，收益逐渐增加，市场化运营模式将越来越流行。因此，与市场化程度较高地区的企业相比，市场化程度较低地区的企业对基于关系网络的运营模式更加依赖，华侨华人对其海外扩张的影响可能更大。

根据王小鲁等（2019）的地区市场化指数衡量企业所在地区的市场化程度，将样本区分为市场化程度较低和市场化程度较高两组。表 3 - 10 列（1）和列（2）报告了利用 Poisson 模型对市场化程度较低地区企业和市场化程度较高地区企业进行分组检验的结果。可以看出，海外华侨华人网络对中国企业 OFDI 的影响只有在市场化程度较低地区企业的样本中显著。可能的原因是市场化程度较低地区企业更依赖关系网络来运营，在海外扩张中更倾向于移植已经习惯的经营模式，对海外华侨华人网络的依赖更强。列（3）和列（4）报告了利用负二项模型进行检验的结果，发现与利用 Poisson 模型进行估计的结果一致。

表 3 – 10　市场化程度较低地区企业和市场化程度较高地区企业分组检验结果

	Poisson 模型 市场化程度较高 （1） OFDI	Poisson 模型 市场化程度较低 （2） OFDI	负二项模型 市场化程度较高 （3） OFDI	负二项模型 市场化程度较低 （4） OFDI
Chi	− 0. 8619	4. 4074 ***	− 0. 8496	4. 3750 ***
	（1. 7888）	（1. 4648）	（1. 8280）	（1. 5249）
CD	0. 0072	0. 0138	0. 0075	0. 0134
	（0. 0293）	（0. 0251）	（0. 0300）	（0. 0260）
ID	0. 0003	0. 0245	0. 0003	0. 0245
	（0. 0241）	（0. 0215）	（0. 0245）	（0. 0223）
GDP	0. 0040	0. 0093	0. 0038	0. 0093
	（0. 0130）	（0. 0109）	（0. 0132）	（0. 0113）
PGDP	0. 0658 *	0. 0290	0. 0652	0. 0288
	（0. 0399）	（0. 0339）	（0. 0406）	（0. 0351）
inflation	− 0. 0009	0. 0047	− 0. 0010	0. 0046
	（0. 0081）	（0. 0065）	（0. 0082）	（0. 0067）
state	− 0. 0530	− 0. 1072 ***	− 0. 0529	− 0. 1057 ***
	（0. 0486）	（0. 0379）	（0. 0496）	（0. 0393）
age	0. 0101 ***	0. 0048	0. 0100 ***	0. 0046
	（0. 0032）	（0. 0031）	（0. 0033）	（0. 0032）
size	0. 0681 ***	0. 0428 ***	0. 0678 ***	0. 0420 ***
	（0. 0147）	（0. 0127）	（0. 0150）	（0. 0132）
innovation	0. 7493	1. 0107 ***	0. 7530	1. 0124 ***
	（0. 4595）	（0. 2987）	（0. 4699）	（0. 3103）
ROA	− 0. 2134	− 0. 0457	− 0. 2147	− 0. 0421
	（0. 2145）	（0. 2126）	（0. 2209）	（0. 2223）
oversea	− 0. 0984 *	0. 0872 **	− 0. 0981 *	0. 0878 **
	（0. 0538）	（0. 0419）	（0. 0548）	（0. 0436）
dual	− 0. 0130	− 0. 1033 ***	− 0. 0129	− 0. 1024 ***
	（0. 0399）	（0. 0374）	（0. 0408）	（0. 0388）
cons	− 1. 2012 ***	− 0. 8661 **	− 1. 1877 ***	− 0. 8552 **
	（0. 4175）	（0. 3466）	（0. 4253）	（0. 3586）
year	Yes	Yes	Yes	Yes
N	2398	2958	2398	2958
Pseudo R^2	0. 0138	0. 0151	0. 0132	0. 0140

注：*** 、** 、* 分别表示在 1% 、5% 、10% 水平上显著；括号内为标准误。

　　就法治环境而言，虽然各地区执行的法律条款相同，但对具体法律条款执行力度的差异较大，执行效果也不同。根据王小鲁等（2019）的"市场中介组织的发育和法治环境"衡量企业所在地区的法治水平，将样本区分为法治水平较低和法治水平较高两组。表3－11列（1）和列（2）报告了利用 Poisson 模型对法治水平较低地区企业和法治水平较高地区企业进行分组检验的结果。可以看出，海外华侨华人网络对中国企业 OFDI 的影响只在法治水平较低的样本中显著，与前文根据市场化指数指标进行分组检验结果一致。列（3）和列（4）报告了利用负二项模型进行检验的结果，发现与利用 Poisson 模型进行估计的结果一致。

表3－11　法治水平较低地区企业和法治水平较高地区企业分组检验结果

	Poisson 模型 法治水平较高 （1） OFDI	Poisson 模型 法治水平较低 （2） OFDI	负二项模型 法治水平较高 （3） OFDI	负二项模型 法治水平较低 （4） OFDI
Chi	－1.9207 （1.7830）	5.1755*** （1.4757）	－1.9012 （1.8111）	5.1180*** （1.5411）
CD	－0.0129 （0.0296）	0.0306 （0.0249）	－0.0127 （0.0301）	0.0300 （0.0259）
ID	0.0061 （0.0242）	0.0166 （0.0215）	0.0060 （0.0246）	0.0167 （0.0223）
GDP	0.0014 （0.0126）	0.0117 （0.0111）	0.0014 （0.0128）	0.0117 （0.0115）
PGDP	0.0827** （0.0391）	0.0185 （0.0344）	0.0822** （0.0396）	0.0182 （0.0357）
inflation	0.0029 （0.0079）	0.0010 （0.0066）	0.0028 （0.0081）	0.0008 （0.0068）
state	－0.0634 （0.0484）	－0.0949** （0.0380）	－0.0631 （0.0491）	－0.0936** （0.0396）
age	0.0076** （0.0034）	0.0068** （0.0030）	0.0076** （0.0035）	0.0066** （0.0031）

续表

	Poisson 模型 法治水平较高 （1） OFDI	Poisson 模型 法治水平较低 （2） OFDI	负二项模型 法治水平较高 （3） OFDI	负二项模型 法治水平较低 （4） OFDI
size	0.0536***	0.0543***	0.0534***	0.0533***
	（0.0144）	（0.0128）	（0.0146）	（0.0133）
innovation	0.3060	1.1162***	0.3066	1.1134***
	（0.3979）	（0.3153）	（0.4044）	（0.3292）
ROA	−0.2944	0.0615	−0.2974	0.0669
	（0.2076）	（0.2167）	（0.2129）	（0.2265）
oversea	−0.0183	0.0471	−0.0181	0.0477
	（0.0495）	（0.0446）	（0.0502）	（0.0464）
dual	−0.0006	−0.1179***	−0.0008	−0.1161***
	（0.0402）	（0.0374）	（0.0408）	（0.0389）
cons	−1.1321***	−0.9224***	−1.1235***	−0.9054**
	（0.4122）	（0.3486）	（0.4179）	（0.3618）
year	Yes	Yes	Yes	Yes
N	2349	3007	2349	3007
Pseudo R^2	0.0105	0.0177	0.0101	0.0162

注：***、**、*分别表示在1%、5%、10%水平上显著；括号内为标准误。

3.6　结论及政策建议

搭乘经济全球化的"顺风车"，进入 21 世纪后，中国相继提出"走出去"战略和"一带一路"倡议，并已成为 OFDI 大国。但是，各国历史和经济发展的差异以及制度和文化上的差异大大增加了"走出去"企业经营成本。规模庞大、分布广泛的海外华侨华人网络是帮助中国企业减少外来者劣势、提高经营绩效的重要力量。本章结合社会关系理论和制度基础观，基于中国沪深 A 股"走出去"上市公司数据，检验海外华侨华人网络对中国企业 OFDI 决策的影响，发现东道国华侨华人网络显著促进了中国企业 OFDI；对与中国文化距离更大的东道国，华侨华人网络的促进效应更明显。进一步的异质性检验结果表明：海外华侨华人网络对于非高科技行业企业 OFDI 的促进效应更大；海外华侨华人网络对于国有企业 OFDI 的促进效应更大；海外华侨华人网络对于 CEO 不具有政治关联的企业 OFDI 的促进效应更大；海外华侨华人网络对于市场化程度和法治水平较低地区企业 OFDI 的促进效应更大。

　　基于上述结论，提出以下政策建议。（1）企业在进行 OFDI 时应当重视与当地华侨华人组织的交流沟通，注重企业与当地华侨华人网络交流平台的构建，充分利用东道国华侨华人社团构建企业在当地的关系网络。（2）政府应当重视海外华人华侨网络的拓展和构建工作，重视中文和中华文化在海外华人华侨社团的普及和推广，增强华裔的民族自豪感和认同感，扩大海外华人华侨网络的规模和强度。进一步放宽华侨华人多次往返签证和居留的条件，推广海外华侨华人社会的华文教育工作，助力国际移民组织构建更加开放包容的国际移民环境，维护华侨华人在海外的正当权益。（3）目前中国企业正处于快速国际化阶段，中国企业的国际版图也越来越大。在投资与中国的文化差异较大的欧美国家时，更应重视海外华侨华人网络的作用。

第4章 海外华侨华人网络嵌入如何
影响中国跨国企业海外
子公司财务绩效

——基于 fsQCA 方法的研究

海外子公司取得较好的财务绩效是"走下去"和"走上去"的前提条件。本章基于问卷调查数据和 fsQCA 方法，对海外华侨华人网络嵌入度与组织学习和多维国家距离如何影响海外子公司财务绩效进行组态分析，为第5章和第6章大样本实证研究打下基础。

4.1 问题提出

随着经济全球化的发展，中国企业 OFDI 持续增加。据联合国贸易和发展会议 2019 版《世界投资报告》数据显示，从 2018 年度流量来看，中国为1430.4 亿美元，占全球 2018 年度 OFDI 流量的比例为 14.1%；从截至 2018年底存量来看，中国为 1.98 万亿美元，占全球比例 6.39%。流量和存量数据分别位居全球第二和第三，这种增长的背后含义是，中国的对外直接投资金额稳步增长，OFDI 成为中国跨国企业获取全球竞争优势的重要渠道。

海外子公司绩效影响因素一直是一个重要的研究主题。为了提高在东道国的绩效表现，海外子公司需要获取当地合法性，降低风险和成本以及增加当地客户对其产品的需求。外部网络嵌入（Andersson 等，2002；Annique 和 Rodríguez，2018）和组织学习（Andersson 等，2002；Barkema等，1996；Zhou 等，2016）被认为是海外子公司获取合法性、降低风险和成本的重要途径。然而，随着两国之间距离的扩大，这些任务会变得越来越复杂。为此，国际商务领域的学者强调并探索了国家之间的制度距离、文化距离及知识距离对海外子公司绩效的重要影响。大多数研究发现，母国和东道国之间的距离越大，企业越难取得预期绩效（Cezar 和 Escobar，2015；Mallon 和 Fainshmidt，2017），但 Buckley 等（2016）、Clark 和 Ramachandran（2019）以及 Rosenbusch 等（2019）发现国家之间的距离会对企业绩效产生积极影响。

以前的研究虽然确定了外部网络嵌入、组织学习和国家间的距离会对海外子公司绩效产生重要影响，但仍然存在局限性：在理论上，专注于对单个理论视角的检验，忽视了不同理论视角之间的整合和协调（Meyer 等，2020）；在方法上，多使用相关、回归或结构方程模型等方法，这些方法基于可加性、一元性及因果对称性假设，无法捕捉和解释复杂因果关系（Liu 等，2017；Pappas 等，2019）。而事实上，海外子公司绩效是不同层次多重因素协同作用的结果（Meyer 等，2020），其本质是复杂的。受上述局限性的影响，现有研究尚不清楚哪些因素导致了海外子公司取得不同水平的绩效，更为重要的是，不清楚它们的组态如何更好地解释特定水平的海外子公司绩效。因此，采用多理论视角的整合框架和运用有助于探索不同影响因素间互动关系的研究方法去理解和解释海外子公司绩效背后的复杂因果关系将变得极为必要和重要。

为弥补上述不足，本章从整体性视角出发，使用模糊集定性比较分析方法，旨在探讨在跨国环境中影响子公司绩效的因素的因果关系模式。特别地，本章研究试图阐明外部网络嵌入、组织学习和国家间的距离是如何结合在一起，从而形成影响子公司绩效的组态的。研究的问题是"哪些条件组态会导致海外子公司取得高/非高财务绩效?"，而不是"哪个条件会产生多大影响?"。

最近，一些研究运用 fsQCA 方法来解释复杂的现象（Woodside，2014）。fsQCA 基于整体性视角，通过对相互依赖的前因条件进行组态分析，以更好地识别和解释特定结果的出现。通过检查变量的相互影响，研究人员可以探索原因和结果之间的不对称关系。基于此，使用组态分析的方法能够解释不同层面的多重因素和海外子公司绩效之间的复杂关系。更具体地说，使用 fsQCA 方法可以帮助我们确定各种充分的条件组态，以确保实现不同水平的海外子公司绩效。

本章主要有以下两点创新。第一，基于网络嵌入理论，从微观上探索了海外华侨华人网络的不同维度（关系和结构）在促进海外子公司财务绩效上的作用。研究结论表明，作为海外子公司重要的外部网络，海外华侨华人网络在帮助海外子公司获取东道国合法性和外部资源方面可以发挥重要作用，这有助于理解海外华侨华人网络对海外子公司区位选择的影响，从而丰富海外华侨华人网络对企业国际化影响的研究文献。第二，已有研究多使用基于线性回归的统计方法，关注单个前因条件（自变量）对海外子公司绩效影响的"净效应"，并试图发现提高企业绩效的最优路径。然而，当多个前因条件之间相互关联时，单个条件的独特效应可能被掩盖，并且可能存在多条提升绩效的等效路径，因此，不存在传统定量方法中的最优路径。传统定量研究方法试图使用调节变量回答组态问题，但 3 个以上交互变量已很难解释。相比之下，定性比较分析（QCA）方法采用整体视角注重挖掘前因复杂性，综合了传统定量研究和定性研究的优点，是众多领域解决因果关系复杂性的重要工具，这也是本书使用 fsQCA 方法的核心优势，即能够充分挖掘不同层面多个前因条件的协同作用对海外子公司绩效的影响机制。

4.2　概念模型

4.2.1　海外华侨华人网络嵌入

跨国企业通过它们的子公司嵌入不同的东道国网络，获取当地的知识和资源，进而提升自己的绩效。嵌入外部网络已经被证明是促进海外子公司知识吸引（Achcaoucaou 等，2014）、能力发展（Andersson 等，2002）和企业绩效的重要途径。全球近 200 个国家和地区，遍布超过 6000 万人华侨华人，形成了世界上人数最多、分布最广的移民网络。他们不仅数量庞大，而且资金雄厚，在东道国累积了大量的社会资本，是中国海外子公司重要的战略资源。社会关系网络是中国企业获取资源的重要渠道，而海外华侨华人网络作为中国族裔关系网络的延续，自然会成为中国跨国企业海外子公司获取外部资源的重要渠道，这是中国企业的一个天然优势。已有研究表明，华侨华人网络在促进外商投资流入中国方面发挥了重要作用（Gao，2003）。但已有研究主要关注海外华侨华人网络对中国跨国企业OFDI区位选择的促进作用（Liang 等，2019），而忽略了海外华侨华人网络对海外子公司绩效的重要影响。本书基于外部网络嵌入理论，探讨了海外华侨华人网络关系嵌入和结构嵌入对中国企业海外子公司绩效的影响。其中，结构嵌入强调子公司从网络位置中获得的优势，关系嵌入强调了从网络关系中的信息交换获得的优势（Granovetter，1992；Nahapiet 和Ghoshal，1998），有利于从企业微观视角理解海外华侨华人网络对中国跨国企业海外子公司绩效的影响机制。

4.2.2　组织学习

组织学习作为企业知识获取、知识共享和知识利用的重要手段，能够帮助企业降低外部环境带来的影响（Luo，2000），为外国子公司的绩效提供重要价值（Barkema 等，1996）。March（1991）将组织学习分为探索式学习和利用式学习。其中，探索式学习是获取新知识和新技术的手段，利用式学习则主要是通过运用和深化已有组织技能来提高效率的行为。从海外子公司的角度来看，由于国外运营需要各种知识来克服外来者劣势，因此研究组织学习的不同方面可能对子公司的绩效有不同的影响（Kim 等，2012）。具体而言，通过利用式学习，海外子公司可以精炼、细化和利用已有的经验知识，来获取超额利润，从而降低外部环境的影响。例如，Petersen 和 Pedersen（2002）研究表明，在实行 OFDI 前期，跨国公司进行组织学习能够极大地降低东道国经营环境的不确定性，减少企业海外投资的风险。而通过探索式学习，海外子公司可以获取异质的知识和资源，进而开发出新的知识和技术。例如，Zhou 等（2016）研究发现，海外子公司可以通过探索式学习获取新的管理方式、创新能力、营销技能以及其他无形资产，并利用这些新知识来创造新客户价值。因此，对海外子公司而言，两种组织学习都很重要，但是两者之间需要权衡取舍，过度倾向于利用式学习将导致子公司绩效低于平均水平，而如果没有利用式学习基础就进行过多的探索可能会产生有趣但无用的实践（Luo，2000）。

4.2.3　多维国家距离

"国际管理就是距离的管理。"（Zaheer 等，2012）母国和东道国之间在制度和文化上的差异增加了海外子公司适应东道国环境的难度。从国家层面出发，大量国际管理领域文献探讨了母国和东道国的制度距离和文化距离对跨国企业投资区位选择、进入模式、知识转移以及绩效的影响。制度距离指两国之间正式规章制度（例如法律、经济制度）的差异，文化距离则主要涉及社会规范、信念和价值体系（例如习俗、宗教）的差异（Gaur 和 Lu，2007）。制度距离和文化距离产生的外部压力会对企业绩效产生深刻的影响（Peng 等，2008）。

现有文献就制度距离如何影响海外子公司绩效这一问题尚未达成共识。一方面，许多学者认为，和东道国企业相比，海外子公司面临外来者劣势的风险。这种外来者劣势在很大程度上来源于母国和东道国之间的制度差异（Li 等，2017；Zhou 和 Guillen，2016）。具体而言，为了在东道国顺利开展业务，海外子公司必须学习并适应东道国新的制度环境（Benito 和 Gripsrud，1992），这会产生学习成本，而随着制度距离的增加，学习成本也会增加（Gaur 和 Lu，2007）。此外，由于不了解东道国的制度而产生的信息不对称令海外子公司处在高度不确定的环境中，这会提高企业的生产经营风险（Chen 等，2018），进而对企业绩效产生负面影响。

另一方面，一些学者认为，母国和东道国之间的制度差异给跨国公司提供了制度套利的机会。制度套利指的是国家之间的制度差异导致企业运营成本的差异，因此跨国企业可以将海外子公司设立在运营成本最低（Li 和 Zhou，2017）或者有利于企业创新（Rosenbusch 等，2019）的国家而从中获利。利用制度差异进行套利已经成为一些跨国企业从事对外直接投资的动机（Stahl 和 Tung，2015）。Stoian 和 Mohr（2016）指出，参与对外直接投资可以使公司绕过母国市场和制度环境的缺陷，并将这些限制作为获取资产和利用市场机会的"捷径"。例如，发展中国家的企业为了规避母国制度上的缺陷，而常常把研发中心设立在监管制度更先进的发达国家（Gaur 和 Lu，2007）；发达国家的跨国公司则可以把创新能力转移到子公司层面，帮助子公司在缺乏创新能力和管理技术的东道国取得竞争优势（Mallon 和 Fainshmidt，2017）。

关于文化距离如何影响海外子公司绩效也没有定论。与制度相比，文化更加难以理解，而且它是影响海外子公司经济活动和绩效的一个重要因素（Lin 和 Chen，2012）。一方面，随着文化距离的加大，母、子公司管理双方的价值观、交流规范之间的差距也在加大，这会增加双方交流的难度，降低沟通的有效性（Cui 等，2006），进而阻碍母公司向子公司转移知识，不利于子公司建立企业特有竞争优势。另一方面，文化距离增加了海外子公司在东道国取得合法性的难度（Arslan 和 Dikova，2015；张吉鹏等，2020）。文化距离的加大不仅增加了跨国公司理解东道国的法律法规和适应当地的社会习俗的难度（Ang 等，2015），也使得海外子公司难以获得东道国政府、供应商、客户和社区的青睐（Yi 等，2019）。与上述观点相反，也有学者认为文化距离带来的是吸引力而不是压力（Very 等，1996）。因为在文化距离较大的国家，企业更有可能获取新的思维方式和行为模式（Morosini 等，1998），这有助于企业克服惯性，丰富知识和提升技能，并促进企业的创新和学习，进而对企业绩效产生正向影响。此外，综合上述两种观点，Stahl 和 Voigt（2008）以及 Stahl 和 Tung（2015）通过元分析发现，文化距离会对企业绩效产生"双刃剑"效应，即文化距离对企业而言可以是一种负债，也可以是一种资产。

距离在带来投资风险的同时也带来了机会（Cuervo - Cazurra 和 Genc，2011）。这体现了第三种距离——知识距离对海外子公司绩效的作用（Berry 等，2010；Sears 和 Hoetker，2013）。知识距离指国家之间在创造新知识和创新能力上的差异（Berry 等，2010）。有学者主张知识是企业创造价值的基础（McEvily 和 Chakravarthy，2002），而来自不同国家或地区的知识能带来强大的竞争优势（Regnér 和 Zander，2011），并帮助提高企业绩效（Fang 等，2013）。因此，获取东道国丰富的异质性知识和资源是中国企业进行国外直接投资的重要驱动因素（Makino 等，2002）。海外子公司作为连接母国和东道国的"桥梁"，其不仅可以通过学习或者利用母公司的知识或者资源取得东道国企业没有的企业特定优势；也可以借助东道国互补性的知识和资源，开发新产品或新服务，进一步推动自身发展（Clark 和 Ramachandran，2019）。知识距离是海外子公司利用自身特定优势或者借助当地互补性资源和知识提升企业竞争力的基础。较小的知识距离意味着两国科技发展水平接近，导致海外子公司的特定优势得不到体现。此外，两国之间的知识距离越小，说明国家之间知识和资源同质性程度越高，企业越难从东道国获取异质性资产。

　　海外华侨华人网络嵌入、组织学习和多维国家距离是影响海外子公司绩效的重要前提，而组态分析可以使我们理解海外子公司绩效和前因条件之间的复杂关系。图 4-1 展示了研究组态概念模型，说明了海外华侨华人网络嵌入、组织学习和多维国家距离的前因条件组态预测了海外子公司财务绩效。

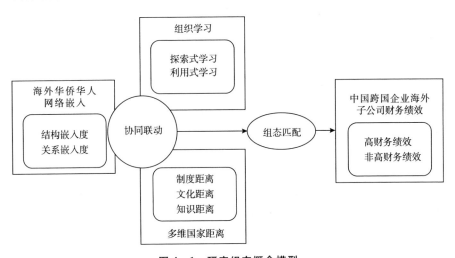

图 4-1　研究组态概念模型

4.3　研究方法

4.3.1　数据获取

　　本章的数据获取有问卷调查和二手数据收集两种方式。其中，通过线上、线下相结合的方式向中国跨国企业海外子公司高层管理者发放调查问卷 219 份，以获取有关企业层面的相关构念的测量数据，最终得到有效问卷 125 份，问卷有效率为 57.08%。有关国家层面的相关构念的测量数据则来源于世界银行全球治理指标网站（www. govindicators. org）、沃顿商学院网站（www. wharton. upenn. edu）以及 Hofstede 网站（www. geerthofstede. com）。

调查问卷第二部分为被访者基本信息，包括企业年限、资产规模和企业所在行业。其中，16.0% 的企业年限在 5 年之内，27.2% 的企业年限为 6~10 年，15.2% 的企业年限为 11~15 年，41.6% 的企业年限大于 15 年。就企业资产规模而言，17.6% 的海外子公司资产为 500 万元以下，33.6% 的企业资产为 500 万~2000 万元，21.6% 的企业资产为 2000 万~1 亿元，27.2% 的企业资产为 1 亿元以上。就企业所在行业而言，以基础设施建设、制造业和贸易居多，三者合计占 57.6%；通信、互联网、经融和咨询服务次之，占 16.0%，物流、旅游及资源开发行业占 14.4%，还有其他行业占 12.0%。

4.3.2　变量的测量

为确保测量工具的信度和效度，我们尽可能使用已有文献的量表。在问卷定稿之前，我们先对一小部分来自不同海外子公司的管理人员进行预测试，这有助于对语句进行适当的修改，并删除难以理解或者不必要重复的题项。本章附录列出了用于测量上述概念的问卷题目，描述性统计数据，标准化的因子载荷量以及文献来源。变量的测量均采用 Likert 7 点量表，得分 1~7 表示从"完全不同意"到"完全同意"。制度距离、文化距离和知识距离的测量则来源于现有网站，为了减少横截面研究的偶发性因素，同时考虑到数据的可获取性，我们以可获得的最近 10 年的制度距离和知识距离的平均值为最终得分。其中，制度距离为 2009~2018 年的平均得分，知识距离则为 2006~2015 年的平均得分。与知识距离和制度距离不同，国家之间文化距离具有较强的稳定性。详细来源和测量方法如下。

（1）制度距离。为了避免单一指标的片面性和异常波动性，我们采用政治稳定性、政府效率、公民权利、规制质量、法律法规和腐败控制程度 6 项指标来衡量国家制度。6 项指标数据均来源于 WGI，能够较为全面地反映一国（地区）的制度质量。在获取各国有关制度指标数据之后，采用 Kogut 和 Singh（1988）提出的 Kogut – Singh 距离指数公式测量制度距离变量。

（2）文化距离。采用 Hofstede（1980）的文化价值观评价体系来计算母国和东道国的文化距离，数据来源于 Hofstede 网站，该网站提供了各个国家文化维度的量化取值。在获取各国有关文化各项指标数据之后采用 Kogut 和 Singh（1988）提出的 Kogut – Singh 距离指数公式计算各东道国与中国总体的文化距离。

（3）知识距离。该变量来源于 Berry 等（2010），根据两国之间每百万人口的专利数量和科学文献数量的差距构建知识距离指标，该指标能够很好地体现两国之间在创造新知识和创新能力上的差异，数据来源于沃顿商学院知识距离指数。

4.3.3　信效度检验

fsQCA 方法并未考虑前因条件的可靠性和有效性，因此在做 fsQCA 分析之前，我们利用 Mplus7.0 软件针对调查问卷使用的测量量表进行验证性因子分析（CFA）[①]，目的是检验测量量表的信度和效度（Liu 等，2017），检验结果如表 4 – 1 所示。首先，每个变量的组合信度（CR）值都高于临界阈值 0.7，说明测量量表具有良好的可靠性。接下来，每个变

表 4 – 1　潜变量描述性统计和信效度分析

变　　量	Mean（SD）	CR	AVE	1	2	3	4	5
1. 关系性嵌入	5.40（1.17）	.850	.655	**.809**				
2. 结构性嵌入	4.46（1.24）	.840	.638	.765	**.799**			
3. 财务绩效	5.16（0.90）	.876	.639	.441	.413	**.799**		
4. 探索式学习	5.59（0.86）	.802	.577	.227	.083	.437	**.760**	
5. 利用式学习	5.60（0.87）	.800	.572	.417	.338	.670	.657	**.756**

注：对角线粗体字为 AVE 开根号值，下三角为皮尔森相关。

[①]　制度距离、文化距离、知识距离的相关数据来源于现有网站，故不需要做 CFA。

量的平均方差萃取量（AVE）均大于 0.5，说明量表具有良好的聚敛效度。最后，变量之间的相关性小于 0.8，而且每一个变量的 AVE 开根号值均大于该变量与其他变量之间的相关系数（Fornell 和 Larcker，1981），因此变量之间具有区分效度。

4.3.4 数据校准

数据校准（Data Calibrating）是给案例赋予集合隶属的过程，也是 fsQCA 中最重要的步骤之一。在此步骤中，研究人员需要将所有变量校准为模糊集，其取值范围为 0～1。模糊集分数为 1 表示完全隶属于某一集合；0 表示完全不隶属于该集合；0.5 则为模糊点，表示既属于又不属于该集合的中间点（Ragin，2008）。数据校准有直接和间接两种方法。直接法需要研究人员为每个前因条件和结果选择 3 个合适的锚点：完全隶属、交叉点、完全不隶属。根据这三个锚点，fsQCA 软件可以为每个条件计算出模糊集得分。在间接法中，研究人员则需要通过定性评估的方法来确定对应的锚点。为了完成对数据的校准，研究者可以根据相关理论和数据的实际分布情况来选取其中一种方法（Rihoux 和 Ragin，2009）。本研究的数据来源于现有网站和问卷调查。根据 Ragin 的研究建议，我们采用直接校准的方法设置三个值，分别对应于完全隶属、交叉点、完全不隶属。

已有研究表明，对于调查问卷收集的数据而言，采用直接校准的方法是可行的。例如，使用 Likert 7 点量表收集的数据可以采用 6、4、2 作为上述三个锚点（Ordanini 等，2013；Pappas 等，2016）。在本研究中，由于调查问卷获取的数据偏右，直接选择 3 个锚点不会产生有意义的结果（Plewa 等，2016）。因此，我们利用平均值和标准差对数据进行锚定，平均值反映的是不同子公司的平均水平，而标准差反映了被调查子公司相互之间的差别。具体而言，平均值加上一个标准差为完全隶属点，平均值减去一个标准差为完全不隶属点，平均值为中间点。

对于国家层面的先决条件而言，我们对数据的锚定不仅限于样本中所包含的数据（Khedhaouria 和 Thurik，2017），而是利用能够收集到的所有国家层面数据对数据进行校准。具体而言，我们将收集到的 100 个国家的文化距离、131 个国家的知识距离和 198 个国家的制度距离取值的 50% 分位数作为相应前因条件的中间点，将 80% 分位数和 20% 分位数分别作为完全隶属点和完全不隶属点。表 4 - 2 总结了所有变量的模糊集校准阈值和描述性统计值。

表 4 - 2　模糊集校准阈值和描述性统计值

变　量	模糊集校准			描述性分析结果			
	完全隶属	交叉点	完全不隶属	平均值	标准差	最小值	最大值
财务绩效	6.062	5.158	4.254	5.158	0.904	3.000	7.000
关系性嵌入	6.568	5.403	4.238	5.403	1.165	1.670	7.000
结构性嵌入	5.694	4.459	3.223	4.459	1.235	1.000	6.670
探索式学习	6.447	5.592	4.737	5.592	0.855	3.000	7.000
利用式学习	6.471	5.597	4.723	5.597	0.874	2.000	7.000
文化距离	3.994	2.548	1.641	2.742	1.309	0.057	5.815
知识距离	2.956	0.040	0.014	2.315	5.896	0.001	45.221
制度距离	2.232	1.046	0.577	1.545	1.361	0.123	5.755

4.4　fsQCA 分析与结果

4.4.1　必要性分析

遵循有文献，我们首先检验单个条件（包括其非集）是否构成结果（这里指高和非高财务绩效）的必要条件。根据 Schneider 等（2010）的建议，必要条件需要满足其一致性大于 0.9。如表 4 - 3 所示，所有条件的一致性均小于 0.9，没有导致结果出现的必要性条件。这意味着国家层面和企业层面的简单先决条件对海外子公司绩效的解释力度不强，说明绩效的出现与否，取决于两个或多个先决条件的具体组态。因此，接下来对前因条件进行充分性分析，进一步探索产生高和非高财务绩效的条件组态。

4.4.2　模糊集分析

充分性意味着前因条件组态是海外子公司绩效的子集，即当条件组态足以实现高绩效时，该组态的出现总是伴随着高绩效。研究人员需要使用真值表进行充分性分析，因此我们使用 fsQCA 软件生成了一个 128（2^7）行的真值表，其中 7 为前因条件个数，每行表示一种可能的条件组态。接下来，研究人员需要设置频数和一致性以进一步完善真值表（Ragin，2008）。鉴于我们的样本数量（N < 150），根据 Ragin（2008）的建议，本书将最小案例频数设置为 1，确保分析中包含 75%～80% 的案例数（实际为 77.6%）。就一致性而言：首先，我们将原始一致性（Raw Consistency）设置为 0.85，大于最低建议阈值 0.75（Ragin，2006），此外，和现有大多数 QCA 研究只依靠原始一致性进行真值表分析不同，我们根据 Misangyi 和 Acharya（2014）的建议，将 PRI 的最低阈值设置为 0.75，这可以提供更为严格的方法。

表 4 – 3　必要条件分析

条件变量	高财务绩效	非高财务绩效
	一致性	一致性
文化距离	0.518	0.425
~文化距离	0.631	0.721
知识距离	0.786	0.687
~知识距离	0.331	0.428
制度距离	0.694	0.624
~制度距离	0.353	0.421
关系性嵌入	0.702	0.486
~关系性嵌入	0.449	0.663
结构性嵌入	0.699	0.528
~结构性嵌入	0.479	0.646
探索式学习	0.740	0.481
~探索式学习	0.428	0.683
利用式学习	0.727	0.501
~利用式学习	0.453	0.675

注：~为集合运算符号——"非"。

真值表分析通过简单和复杂的反事实分析会产生三种解：复杂解、简约解以及中间解。其中，复杂解不包括基于简单或困难的反事实简化假设，简约解包含基于简单的和困难的反事实简化假设，中间解只包含基于简单反事实的简化假设，而且中间解不允许消除必要条件，一般情况下，中间解要优于复杂解和简约解（Rihoux 和 Ragin，2009）。鉴于我们的分析本质上是探索性的，根据前文的文献综述，我们只保守地假设知识距离和双元学习有助于提高海外子公司绩效①，反之同理。② 对除此之外的条件我们不做任何假设，即它们的出现或者不出现都有可能导致高绩效。

遵循现有文献（Crilly，2011；Fiss，2011；Misangyi 和 Acharya，2014），我们采用中间解和简约解来区分组态的核心条件和边缘条件：如果某一前因条件既出现在简约解中，又出现在中间解中，则被标记为核心条件；如果某一前因条件只出现在中间解中，而没有出现在简约解中，则为边缘条件。核心条件与结果之间有重要的因果关系，相比之下，边缘条件与结果之间的因果关系则显得没那么重要，甚至是可交换的（Fiss，2011）。

为了实现对海外子公司绩效背后的多元驱动机制以及因果不对称性的探究，我们将高财务绩效和非高财务绩效作为结果变量，分别对两者进行前因条件的组态分析，得到结果如表4-4所示。表4-4呈现了海外子公司高和非高财务绩效的前因条件组态。在结果呈现形式上，为了能够比较清晰地展现每个前因条件在组态中的相对重要性，我们采用 Ragin 和 Fiss（2008）所提出的表述方式。其中，●和⊗分别表示核心条件的出现和不出现，•和⊗则分别表示边缘条件的出现和不出现。空格则表示该前因条件的出现与否对结果不造成影响。

据表4-4，有6条驱动机制能够解释海外子公司高绩效的出现，另有2条路径可以解释海外子公司非高财务绩效的出现，且单个解决方案和总体解的一致性水平，都要高于最低可接受阈值 0.75。下文分别对两种不同结果变量的出现及其驱动机制进行分析。

---

① 根据此假设，进一步选择只包含上述条件出现的质蕴涵项（prime implicants）：非高文化距离×高知识距离×非高关系性嵌入×高结构性嵌入；高知识距离×非高关系性嵌入×高结构性嵌入×高探索式学习；非高文化距离×高知识距离×高关系性嵌入×非高结构性嵌入×高探索式学习。

② 根据此假设，进一步选择只包含上述条件出现的质蕴涵项（prime implicants）：非高知识距离×非高关系性嵌入×非高结构性嵌入×非高探索式学习。

表 4 - 4　导致高和非高财务绩效的前因条件组态

前因条件	高财务绩效						非高财务绩效	
	H1a	H1b	H2	H3	H4	H5	NH1	NH2
企业层面								
关系性嵌入	●		●	⊗	●	⊗	⊗	⊗
结构性嵌入	●	●	●	●	⊗	●	⊗	⊗
探索式学习	●	●	●	●	●		⊗	⊗
利用式学习		●	●	●	●	●	⊗	
国家层面								
文化距离	●	●	●	⊗	⊗	⊗	●	⊗
知识距离	●	●	●	●				●
制度距离	●	⊗	●	●	●		●	●
一致性	0.942	0.951	0.938	0.912	0.912	0.912	0.918	0.935
覆盖度	0.213	0.069	0.231	0.097	0.097	0.128	0.175	0.181
唯一覆盖度	0.018	0.049	0.035	0.021	0.021	0.048	0.149	0.155
解的一致性	0.922						0.924	
解的覆盖度	0.395						0.330	

注：● = 核心条件出现；⊗ = 核心条件不出现；• = 边缘条件出现；⊗ = 边缘条件不出现；空格 = 无关紧要。

（1）高财务绩效驱动机制分析

如表 4 - 4 所示，就海外子公司实现高财务绩效的 6 条驱动路径而言，其解的一致性达到了 0.922，这意味着在所有满足这 6 类条件组态的海外子公司中，有 92.2% 的海外子公司均呈现较高的财务绩效水平。解的覆盖度为 0.395，这意味着，6 种条件组态能够解释约 39.5% 的高财务绩效海外子公司案例。

组态 H1a 指出，当高结构性嵌入、高探索式学习和高文化距离为核心条件，高关系性嵌入、高知识距离和高制度距离为边缘条件时，海外子公司可以在东道国取得较高的财务绩效。在组态 H1a 中，较大的知识距离给了海外子公司更多的学习机会，然而较大的制度距离意味着企业面临的外来者劣势较大。此外较大的文化距离虽然在一定程度上增加了知识转移的难度，但是同时也有助于企业克服惯性，丰富知识和提升技能，并促进企业的创新和学习，进而对企业绩效产生正向影响。在这种情况下，海外子公司通过和华侨华人网络保持良好的结构性嵌入，克服制度距离带来的不利影响，同时采用探索式学习吸收东道国大量的异质性知识，最终实现自身良好的发展。因此，组态 H1a 显示出海外华侨华人网络结构性嵌入在促进海外子公司学习新知识以及取得合法性方面的重要作用。

组态 H1b 指出，当高结构性嵌入、高探索式学习和高文化距离为核心条件，高利用式学习和非高制度距离为边缘条件时，海外子公司可以在东道国取得较高的财务绩效。在组态 H1b 中，两国之间的制度距离较小，表示企业面临的外来者劣势也较小，企业可以将更多的资源用于自身生产经营活动。而和海外华侨华人网络保持良好的嵌入关系，不仅有助于企业克服较大的文化距离可能带来的负面影响，也可提高自身获取异质性知识的可能性，再加上通过自身的探索式学习和利用式学习，企业最终可以取得较高的财务绩效。

组态 H2 指出，当以高关系性嵌入、高结构性嵌入、高利用式学习和高文化距离为核心条件，以高知识距离和高制度距离为边缘条件时，海外子公司可以取得高财务绩效。组态 H2 和组态 H1a 中东道国环境类似，都体现了海外子公司有较好的学习机会（知识距离较大），但自身面临制度距离带来的外来者劣势问题，以及文化距离较大可能导致学习难度和学习成本较高的问题。与组态 H1a 不同，组态 H2 中，海外子公司通过同时与海外子公司保持良好的关系性嵌入和结构性嵌入，来克服文化距离和制度距离带来的不利影响，同时采用利用式学习的方法，学习东道国大量的异质性知识，最终使得自身取得较高的财务绩效。

组态 H3 指出，当非高关系性嵌入、高结构性嵌入、非高文化距离和高知识距离为核心条件，高制度距离、高探索式学习和高利用式学习为边缘条件时，海外子公司可以取得高财务绩效。在组态 H3 中，较大的制度距离意味着企业可能面临合法性难题，而较大的知识距离意味着企业获取异质性知识的可能性较大，较小的文化距离则意味着企业学习难度和成本的降低。在组态 H3 的情况下，海外子公司可以通过和华侨华人网络保持结构性嵌入，并通过自身探索式学习和利用式学习的辅助作用来确保企业取得较高的财务绩效。

组态 H4 指出，高关系性嵌入、非高结构性嵌入、高探索式学习、非高文化距离和高知识距离为核心条件，高制度距离和高利用式学习为边缘条件时，海外子公司可以取得高财务绩效。组态 H4 和组态 H3 东道国环境相同，都表现为较高的知识距离和制度距离，以及较低的文化距离。与组态 H3 不同的是，在组态 H4 中，海外子公司和华侨华人网络保持关系性嵌入，并发挥企业探索式学习的核心作用和利用式学习的辅助作用，也能确保企业取得较高的财务绩效。

组态 H5 指出，当以非高关系性嵌入、高结构性嵌入、高探索式学习和高知识距离为核心条件，以高利用式学习、非高文化距离和高制度距离为边缘条件时，海外子公司能够取得高财务绩效。从国家层面看，组态 H5 中的母国和东道国的知识距离发挥了核心条件的作用，这意味着东道国的异质性知识较丰富，海外子公司学习有价值的新知识的机会也更多。在这种情况下，海外子公司选择和华侨华人网络保持良好的结构性嵌入，同时发挥探索式学习的核心作用和利用式学习的辅助作用，以确保企业取得高财务绩效。

通过对比高财务绩效所有组态有以下发现。（1）与华侨华人网络保持良好的结构性嵌入对提升海外子公司绩效有重要作用，它是高绩效的 6 个解决方案中 5 个方案的核心条件。（2）母国和东道国之间较大的知识距离，有利于海外子公司取得高财务绩效，在高绩效的 6 个解决方案中，高知识距离在 3 个方案中发挥了核心作用，并在 2 个方案中发挥了辅助作用。（3）在实现高绩效的路径中，探索式学习基本都发挥了核心作用，而利用式学习则更多地发挥辅助作用。这充分说明，对海外子公司而言，组织双元学习都很重要，但是两者之间需要权衡取舍（Luo，2000），海外子公司应该根据东道国环境和自身条件选择最有利于自身的学习方式。（4）当东道国和母国之间文化距离较小、知识距离和制度距离较大的时候，高绩效的海外子公司往往只和华侨华人网络保持某一种嵌入关系（H3、H4、H5），即适度的嵌入更有利于企业取得高绩效。这说明外部网络嵌入对海外子公司绩效的提升作用存在最优解，即两者之间不能太松导致无法形成关系，也不能太紧导致过度依赖（Uzzi，1997）。

（2）非高财务绩效驱动机制分析

基于 fsQCA 方法的研究认为某个结果的出现与否需要不同的"原因

组合"来分别解释，即存在因果不对称性。因此，为更全面深入地探索提高海外子公司创新绩效的驱动机制，表 4 - 4 进一步分析了导致非高财务绩效的路径。有 2 条路径导致海外子公司非高财务绩效，其解的一致性达到了 0.924，这意味着在所有满足这 3 种条件组态的海外子公司中，约有 92.4% 的海外子公司均呈现非高财务绩效水平。解的覆盖度为 0.330，这意味着，3 种条件组态能够解释约 33% 的非高财务绩效海外子公司案例。

具体而言，组态 NH1 指出，当以非高结构性嵌入、非高探索式学习、非高利用式学习和高文化距离为核心条件，以非高关系性嵌入和高制度距离为边缘条件的时候，海外子公司将取得非高财务绩效。可能的原因如下。首先，东道国和母国较大的知识距离虽然给海外子公司带来了较多的潜在学习机会，但是由于组织双元学习能力不强，阻碍了其对先进知识的识别、吸收和利用。其次，制度距离的存在，使海外子公司不得不花费大量的时间和资源来取得东道国合法性，这进一步分散了企业的资源。最后，企业没有和海外华侨华人网络保持良好的嵌入关系，无法利用海外华侨华人网络帮助自身克服外来者劣势，多种前因条件的共同作用下，最终导致海外子公司财务绩效达不到预期。

组态 NH2 指出，当以非高结构性嵌入、非高关系性嵌入、非高探索式学习和非高知识距离为核心条件，以非高文化距离和非高制度距离为边缘条件的时候，海外子公司将取得非高财务绩效。在组态 NH2 中，虽然母国和东道国较小的制度距离意味着企业面临的合法性问题不大，但是两国之间的文化距离和知识距离也较小，使得海外子公司获取异质性知识的可能性较小。在这种情况下，如果海外子公司不能和华侨华人网络保持良好的嵌入关系，同时自身双元学习能力不足的话，企业最终将无法取得高财务绩效。

通过对比影响海外子公司财务绩效 8 条路径可以发现：（1）影响财务绩效的原因具有非对称性，非高财务绩效的 2 条路径并不是高财务绩效的 6 条路径的对立面；（2）文化距离对于海外子公司来说既可以是一种资产（解决方案 H1a、H1b 和 H2），也可以是一种负债（NH1），最终取决于文化距离如何和其他条件相结合。这一研究发现印证了 Stahl 和

Tung（2015）的元分析结果，他们认为在文化距离高的国家，采用探索式学习有利于提高企业绩效（解决方案 H1a 和 H1b）；（3）在多数实现高财务绩效的路径中，海外子公司都和华侨华人保持良好的嵌入关系，并且注重组织双元学习的均衡发展，而在两条非高财务绩效的路径中，海外子公司都没有和华侨华人网络保持嵌入关系，并且不注重培养自身双元学习能力，这突出了嵌入华侨华人网络和组织双元学习对海外子公司发展的重要性。

4.5　结论与展望

4.5.1　研究结论

（1）制度距离、文化距离、知识距离、海外华侨华人网络嵌入度以及双元学习均无法单独构成高/非高水平海外子公司财务绩效的必要条件，单个前因条件对海外子公司财务绩效的解释力较弱。（2）在文化距离较小、但知识距离和制度距离较大的国家，高财务绩效的海外子公司总是能够和海外华侨华人网络保持恰到好处的嵌入度，即能够利用华侨华人网络促进自身发展，又不会因为过度嵌入而出现"网络嵌入悖论"，从而有效避免"过犹不及"的情况出现。（3）观察 8 条路径，高财务绩效总是伴随着高嵌入关系和高双元学习，反之亦然，这意味着华侨华人网络和组织双元学习在促进海外子公司绩效方面能发挥重要作用。（4）非高财务绩效的 2 条路径，与高财务绩效的 6 条驱动机制存在非对称性关系。（5）对海外子公司绩效而言，文化距离存在"双刃剑"效应，较大的文化距离虽然增加了企业学习的成本和难度，但是又有助于企业打破惯性思维，促进企业的创新和学习。（6）在所有高/非高财务绩效的解决方案中，母国和东道国之间的制度距离均不是核心条件。说明与知识距离和文化距离相比，制度距离对海外子公司绩效的影响相对较小。可能的解释是，制度距离对企业绩效的影响更多地体现在海外子公司成立初期，即制度距离对海外子公司的短期绩效影响更大。相比之下，文化距离和知识距离对企业绩效的影响也更加深远。本书中的海外子公司极少数为初创企业，因此制度距离更多的只是发挥辅助作用。

4.5.2　理论贡献

首先，通过探索不同层面多重因素之间的协同作用来解释导致海外子公司高/非高财务绩效的原因，为国际商务研究做出了贡献。以前的研究分析了国家层面（Clark 和 Ramachandran，2019；Li 等，2017；Rosenbusch 等，2019）和企业层面（Andersson 等，2002；Kim 等，2012）的因素对海外子公司绩效的影响。然而这些研究多使用多元回归分析和结构方程建模，侧重于分析特定因素的"净效应"，而忽略了变量之间的相互依赖和相互关联的因果结构（Woodside，2014），导致文献结论不一致。与以往使用对称方法（例如多元回归）来分析和解释海外子公司绩效的多数研究有所不同，本章基于整体性视角，构建了一个整体模型，该模型将国家之间的距离、组织学习和华侨华人网络嵌入视为相互依赖的条件，以探索如何通过这些条件的组态来预测海外子公司绩效。研究表明，国家或企业层面的前因条件无法促使高或非高财务绩效产生，但多种同样有效的不同层面的前因条件组态促使高或非高财务绩效，这加深了人们对海外子公司绩效背后因果复杂模式的理解。

其次，从微观上探索了海外华侨华人网络的不同维度（关系和结构）在促进海外子公司绩效上的作用。作为海外子公司重要的外部网络，华侨华人网络在帮助海外子公司获取东道国合法性和外部资源方面发挥重要作用，这对于理解华侨华人网络为何影响海外子公司的区位选择提供了新的洞解，从而丰富了以前关于华侨华人网络的研究。

最后，发现前因条件和海外子公司绩效之间存在不对称关系，为现有文献中出现不一致的结论提供了新的解释。具体来说，多数现有研究在理论上暗示了因果关系具有对称性，但实际上因果之间可能存在不对称关系，从而导致了理论和实际的不匹配（Fiss，2011）。例如，关于文化距离和海外子公司绩效之间关系的文献（Stahl 和 Tung，2015）以及关于制度距离和海外子公司绩效之间关系的文献（Gaur 和 Lu，2007）。假如探索式学习是海外子公司取得高绩效的必要不充分条件，那么子公司需要良好的探索式学习来保持高绩效，但探索式学习本身并不能保证高绩效的产生。这种不对称的关系可能会导致探索式学习和绩效之间表现为弱相关性或者无相关性。如果这种关系是正确的，那么使用组态分析方法有利于解决已有文献结论不一致的困境。

4.5.3　管理意义

本章为提高海外子公司绩效提供了新的见解和解决方案。这些解决方案的实施可能会帮助海外子公司取得预期绩效。因此决策者可以参考这些解决方案，并根据东道国情况设计和制定相应的策略，以确保企业取得高水平的绩效。

首先，我们的研究结论对海外子公司的选址有所启示。研究结果表明，较大的知识距离是企业取得高绩效的重要条件。知识是企业创造价值的基础，知识距离在很大程度上代表了企业学习机会和获取异质性资源的可能性。因此，对于那些致力于通过跨国投资获取东道国先进技术和管理经验的跨国企业来说，知识距离是它们进行投资区位选择时应该考虑的重要因素。

其次，嵌入华侨华人网络在海外子公司取得东道国合法性和获取东道国互补资源方面可以发挥重要作用。在高绩效的解决方案中，海外子公司都和华侨华人网络保持一定的嵌入度。相比于海外子公司，海外华侨华人更加熟悉东道国的文化习俗，而且长期生活在当地为他们积累了大量的社会资本，这些社会资本能够帮助海外子公司获取当地合法性和资源。但是，企业也要注意过度嵌入海外华侨华人网络可能会使得子公司产生路径依赖的问题，反而会损害绩效。因此，要注意把握好度，尽可能避免"过犹不及"的现象发生。

最后，研究发现还肯定了组织学习在提高海外子公司绩效方面的重要作用。虽然双元学习有助于提升企业自身能力，但在探索式学习和利用式学习之间取得平衡，更有利于提高企业绩效（Atuahene - Gima 和 Murray，2007）。我们的研究结果表明，在多数产生海外子公司高绩效的条件组态中，探索式学习都发挥了核心作用，因此，对海外子公司而言，应该更加注重发展自身的探索式学习。当然，这并不意味着利用式学习不重要，因为在多数产生高绩效的条件组态中，利用式学习作为边缘条件也起到了辅助作用。

4.5.4 研究局限和未来研究

首先，使用 125 家中国海外子公司的数据来检验不同层面多重因素对企业绩效的影响可能会限制研究结果的普适性。未来的研究可以收集更多子公司的数据，同时使用其他国家海外子公司的数据来测试研究的稳健性。fsQCA 的结果依赖于现有的文献和先验知识来选择合适的前因变量和感兴趣的结果（Wang 等，2019）。基于已有文献，本章研究只探讨了国家层面和企业层面的因素对海外子公司绩效的协同作用。而实证研究表明海外子公司管理者个人层面的因素也会对海外子公司知识管理、能力发展和知识转移等方面产生影响（Chang 等，2012；Monteiro 和 Birkinshaw，2017；Schotter 和 Beamish，2011；Tippmann 等，2014），未来的研究可以纳入高管个人层面的因素，以及探索更多层面因素对海外子公司绩效的驱动路径。最后，虽然使用 fsQCA 能够识别导致结果的多种路径，但它无法独立量化每个条件对结果的影响（Pappas 等，2020）。未来的研究可以考虑整合 fsQCA 和 CRMB 两种方法，为条件组态和海外子公司绩效之间的关系提供更全面的观点。

第 4 章附录　测量题项及其平均值、标准差、标准化因子载荷和文献来源

	Mean	SD	Loading	文献来源
关系性嵌入（CA = 0.847）				
1. 贵公司与华侨华人社会网络联系的持续程度	5.352	1.449	0.866	Granovetter（1973，1992） Xin（2011）
2. 贵公司与华侨华人社会网络联系的诚信程度	5.592	1.172	0.837	
3. 华侨华人社会网络对贵公司的重要程度	5.264	1.357	0.718	
结构性嵌入（CA = 0.837）				
1. 贵公司在产品研发、生产和市场知识获取方面对华侨华人社会网络关系的依赖程度	4.400	1.403	0.868	Xin（2011） Rowley，Behrens，Krackhardt（2000） Powell，Koput，Smith – Doerr（1996）
2. 贵公司与华侨华人社会网络之间的互动程度	4.768	1.357	0.735	
3. 贵公司与其他企业往来相互建立联系时，需要经华侨华人社团介绍或者牵线的次数	4.208	1.504	0.788	

续表

	Mean	SD	Loading	文献来源
探索式学习（CA=0.790）				
1. 贵公司经常学习行业内全新的开发技术和流程	5.592	1.001	0.716	He 和 Wong（2004）Atuahene – Gima 和 Murray（2007）
2. 贵公司成员经常有创新想法	5.688	1.003	0.864	
3. 贵公司经常获取全新的管理与组织方法	5.496	1.052	0.686	
利用式学习（CA=0.826）				
1. 贵公司往往改进和升级现有产品的开发流程	5.464	1.044	0.697	He 和 Wong（2004）Atuahene – Gima 和 Murray（2007）
2. 贵公司经常提升解决客户问题的能力	5.744	0.975	0.783	
3. 贵公司反复利用成熟的管理方法来提高生产率	5.584	1.025	0.785	
财务绩效（CA=0.872）				
1. 贵公司的净利润增长较快	5.136	1.095	0.784	Hult 等（2008）；Luca 和 Atuahene – Gima，（2007）
2. 贵公司的销售收入增长较快	5.288	1.054	0.781	
3. 贵公司的市场占有率增长较快	5.216	0.997	0.860	
4. 贵公司的投资回报率增长较快	4.992	1.103	0.769	

注：CA 为 Cronbach's alpha 值。

第5章 海外华侨华人网络对中国跨国企业海外子公司生存的影响

——基于 Cox 模型的实证检验

本章利用大样本数据实证检验海外华侨华人网络对中国跨国企业海外子公司生存绩效的影响。从社会网络理论视角出发，并结合制度基础观，创造性地将海外华侨华人网络、进入模式和跨国企业海外子公司生存绩效三个变量联系起来，以 2008～2018 年中国 A 股"走出去"的上市公司的海外子公司为样本，运用 Cox 比例风险模型和 Logit 模型检验海外华侨华人网络影响中国跨国企业海外子公司生存绩效的机制。

5.1 问题提出

在当今全球化的背景下，竞争越来越激烈，撤资退出在企业国际化经营过程中已经成为一种普遍的现象，子公司的生存问题也越来越引起大家的关注。已有研究发现子公司生存率与财务绩效正相关（Wang 和 Larimo，2015），海外子公司生存研究是学术界的热点话题。自 2000 年以来，党中央将"走出去"和"引进来"并举作为我国对外开放战略，我国对外投资力度日益加大，越来越多的企业选择投资海外以扩大经营。然而，与巨大的对外直接投资量相比，我国对外直接投资的效果并不理想。我国跨国企业海外子公司平均生存时间不及国内企业的 1/2，大量海外子公司退出了东道国市场，没能"走进去"和"走下去"，OFDI 绩效亟待提升。因此，提升海外子公司生存率成为目前企业以及对外投资领域亟须解决的问题。

　　海外华人移民数量极其庞大，自改革开放以来，在促进中国对外贸易、引进外资以及对外投资方面发挥了重要作用。分布在全球各地的海外华侨华人有 6000 多万，相关社团组织超过 2.5 万个，作为母国社会关系网络的延伸与拓展，中国跨国企业海外子公司自然会嵌入东道国海外华侨华人网络之中，海外华侨华人网络构成中国跨国企业社会关系网络的重要组成部分。已有研究较多关注海外华侨华人网络对中国企业 OFDI 区位选择的影响，较少关注海外华侨华人网络如何影响"走出去"之后的投资绩效。探索海外华侨华人网络影响中国跨国企业海外子公司生存绩效的机制，不但可以丰富移民网络对企业 OFDI 绩效影响文献，还可以提出促进中国企业"走下去"的政策和管理建议，具有重要的理论与现实意义。

　　作为社会网络的一部分，移民网络可能会影响海外子公司国际市场进入模式选择（Hsu，2007）。如 Chung（2013）指出，东道国的移民应该被视为一种区位优势，可以帮助企业更好地了解海外子公司即将进入的市场，并缩短心理距离，使其在进入东道国市场时更容易采用 FDI 模式。非正式的种族网络所提供的信息和资源可以帮助企业减少对东道国市场的不确定性从而影响海外子公司的进入模式。不同的市场进入模式对海外子公司的生存有着不同的影响，因此移民网络可能通过进入模式的选择影响海外子公司生存。

　　本章理论贡献如下。（1）拓展了海外华侨华人网络对中国企业 OFDI 影响的研究文献。（2）从社会网络理论视角出发，并结合制度基础观，创造性地将海外华侨华人网络、进入模式和跨国企业海外子公司生存绩效三个变量联系起来，探索海外华侨华人网络通过进入模式影响海外子公司的生存机制问题，从全新的视角解释海外华侨华人网络作用于海外子公司生存绩效的内在机理。（3）通过于动收集海外子公司存活等数据资料，可以明确得到子公司存活的时间状态，因此采用 Cox 和 Kaplan – Merier（K – M）法可以更好地检验海外华侨华人网络对中国跨国企业海外子公司生存的影响。（4）丰富了新兴市场国家企业 OFDI 研究文献。

5.2　理论分析与研究假设

5.2.1　海外华侨华人网络对海外子公司生存的影响

企业在东道国建立的过程是企业身份被认可的过程，也是建立合法性的过程。合法性的提升使得企业能够自由地使用东道国的资源，从而提升海外子公司的生存率（Peng 和 Beamish，2019）。外部合法性能够让企业被外部利益相关者认可和接纳（Drori 和 Honig，2013）。但是跨国企业在进入东道国之后，由于文化背景的差异不能很好地了解当地的情况，产生天然的外来者劣势，这种外来者劣势使企业构建外部合法性的过程变得困难，而海外华侨华人网络的存在能缓解这些问题。一方面，海外华侨华人网络群体能够帮助海外子公司快速定位消费者偏好，这能帮助企业发现商业机会，从而使企业更容易进入海外市场（梁育填等，2018）。另一方面，海外华侨华人网络能够通过知识分享帮助企业了解东道国的市场环境、当地法律制度等，这能够减少合同谈判和执行的成本。因此，跨国公司能够在海外华侨华人网络的帮助下快速适应东道国，从而获得东道国利益相关者的认同，形成外部合法性（杨亚平和高玥，2017；张吉鹏和衣长军，2020），增强企业在东道国的竞争优势，提高海外子公司生存率。

与发达国家跨国企业相比，中国跨国企业在所嵌入的母国社会文化环境、资源能力以及国际化经验等方面都存在较大的差异，全球华侨华人网络对中国企业海外投资绩效的影响更加突出。首先，中国传统商业文化使中国企业在商业运作中更重视关系网络等非正式机制，这一倾向同样会影响中国企业在海外市场的运营；其次，中国跨国企业资源能力以及国际化经验相对欠缺，国际化面临的障碍更大。

此外，由于组织内部人员对公司文化特征的理解会产生内部"游戏规则"，理解不一致也会导致"内部合法性"问题（Drori 和 Honig，2013），这使得企业的生产经营难以正常维持。海外子公司由于与海外华人有共同的文化背景，他们与中国企业之间的交流可能会受到较少的文化障碍的影响，因此海外子公司能够通过雇用海外华人劳动力来解决对企业文化的理解不一致问题，从而获取公司的"内部合法性"问题。因此，海外华侨华人网络能够帮助解决海外子公司在海外市场遭遇的"内部合法性"问题，从而提高海外子公司的生存率。基于以上分析，提出假设：

假设 1：东道国海外华侨华人网络越丰富，海外子公司生存率越高。

5.2.2　进入模式的中介作用

现有文献发现，移民网络对 OFDI 区位选择以及进入模式选择有着重要影响（Hernandez，2014；Chung 和 Tung，2013）。这些研究基于知识的视角在海外子公司与移民网络之间建立了这样的一个联系：东道国的知识可以通过移民网络转移给移民母国企业在当地建立的子公司。移民可以通过受雇于该海外子公司或者海外商会来为企业提供有价值、稀有、独特、难以模仿的东道国知识。企业国际化面临海外市场的高度不确定性，包括东道国的政治、社会或文化环境的不确定性。Hernandez（2014）指出，通过东道国知识的积累，可以减少这种不确定性，从而提高对各东道国的资源承诺。因而移民给海外子公司带来的知识有助于降低市场不确定性，海外子公司将更倾向于以绿地投资模式进入东道国。

相对于绿地投资而言，并购投资有着并购溢价和并购后整合困难的风险。但是绿地投资自身也有风险，如在东道国经营过程中需要花费更多的时间去熟悉当地的法律法规、风俗习惯和社会规则等，以保证与当地的供应商和政府保持良好的关系，这种外部成本的增加导致很多企业在进行海外投资过程中选择并购进入模式。然而在海外华侨华人网络的帮助下，企业能够获取当地的信息从而充分了解市场，快速适应当地的环境，与各方利益共同体保持良好的联系，降低外部成本，从而使跨国企业在海外投资过程中更多地考虑绿地投资模式。基于以上分析，提出以下假设。

假设 2：东道国海外华侨华人网络越丰富，企业越倾向于以绿地投资模式进入东道国。

进入模式作为企业国际化过程中重要的战略选择，影响着公司的资源承诺、风险以及退出成本等因素（Brouthers 等，2008），而这些因素通常都与海外子公司的生存息息相关（Brauer，2006）。首先，采用并购模式进入东道国的企业，由于并购企业在海外，跨国公司很难全面了解到该被并购公司的所有信息，在并购过程中很容易出现并购溢价问题，但是以绿地投资模式进入东道国的企业不存在这种问题。其次，以并购模式进入东道国的企业，在并购之后往往还面临并购整合问题。由于两国的市场环境、文化认同、风俗习惯等存在差异，跨国企业在东道国建立海外子公司之后，在组织结构和管理模式等无形资产转移过程中往往会产生额外的协调和转移成本，并且这种成本会随着文化距离的增大而增加。然而以绿地投资模式进入东道国的企业，由于是从零开始建立，并不存在原有的企业文化和惯例。绿地投资模式需要在东道国招聘新的员工，新员工也能够比较快速地接受母公司转移过来的组织框架、管理模式和企业文化。由此可知，并购模式相对于绿地模式而言，无论是在进入市场前还是进入市场后，都面临更大的挑战，投资绩效可能更低。基于以上分析，提出以下假设：

假设 3：绿地投资模式在海外华侨华人网络与中国跨国企业海外子公司生存绩效之间发挥着中介作用。

5.3 研究设计

5.3.1 样本选择与数据收集

本章以 2008～2018 年中国"走出去"企业海外子公司为研究对象，采用二手数据展开研究。首先，以商务部《境外投资企业（机构）名录》为基准，通过与沪深上市公司名单数据库匹配得到中国"走出去"上市公司名单；其次根据"走出去"上市公司名单查询公司年报，通过翻阅公司年报得到"走出去"上市公司的海外子公司信息；最后利用国泰安数据库（CSMAR）、锐思（RESSET）数据库获得企业微观层面数据，得到本书研究样本。参考已有研究，删除了以下三类数据：（1）子公司注册地为中国香港、中国澳门、中国台湾以及英属维尔京群岛、百慕大群岛和开曼群岛等"避税天堂"的样本；（2）由于金融行业的特殊性，不考虑金融行业样本；（3）由于本书采用的生存分析法只能处理右删失问题，为解决左删失问题，本书删除左删失的观察值，即选取"走出去"时间为 2008～2018 年的企业。最终得到 1282 家上市公司数据,它们共计在 83 个国家(地区)设立 6151 家海外子公司,观察值为 18330 个。

5.3.2 样本描述

在 6151 家海外子公司中,制造业海外子公司数目最多,共计 4248 家,占总量的 69.06%;其次为信息传输、软件和信息技术服务业,海外子公司数目为 406 家,占比为 6.60%。中国企业的 OFDI 主要分布在亚洲、欧洲和北美洲,其中亚洲有 1764 家,占总样本的 28.68%;欧洲有 1828 家,占总样本的 29.72%;北美洲共计 1706 家,占总样本的 27.74%。三大洲占比之和达到 86.14%。从投资区域的角度看,中国对亚洲的 OFDI 区域最为广泛,涉及 24 个国家(地区);欧洲有 23 个,非洲有 20 个。中国企业在海外的投资项目呈逐年上涨的趋势,图 5-1 为 2008～2018 年海外子公司年度分布折线图,可以更直观地观察海外子公司数目每年的变化趋势。可以看出,中国上市公司在海外所涉子公司的数量逐年增长,且 2010～2011 年增速最快。

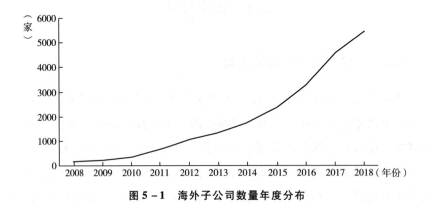

图 5-1 海外子公司数量年度分布

5.3.3 变量测量

(1)被解释变量

海外子公司死亡风险率(cens)。通常计算该指标需要具备两个变量。一是海外子公司的生存状态,若海外子公司被终止清算、被收购或者退出海外市场,则视为运营失败和死亡,赋值为 1;若海外子公司继续运营,则赋值为 0。此外，由于某些海外子公司停止运营是因为已经达到了投资目标或者是因为投资的资金已经全部收回，因此经营时间超过 10 年以上再退出的海外子公司不视为经营失败（Delios 和 Beamish，2001）。二是生存时间，海外子公司生存时间为海外子公司死亡年份与存在开始年份之差。因我们的观察期截至 2018 年，若海外子公司在 2018 年末依然存在则表示其存活，则其生存时间为海外子公司设立年份至 2018 年的时间间隔。数据通过商务部《境外投资企业（机构）名录》和上市公司年报整理所得。

（2）解释变量

海外华侨华人网络（Chi）。借鉴杨希燕和唐朱昌（2011）的方法，使用东道国中国移民存量除以相应各年东道国人口总数的比例，近似度量东道国华侨华人网络的联系强度和联系频率。数据来源于联合国移民数据库。

（3）中介变量

对外直接投资进入模式（EM）。如果跨国企业在东道国是从零开始建立企业，则视为绿地投资，取值为 1；若以并购部分权益的方式进入东道国，则视为并购投资，取值为 0。

（4）控制变量

研发水平（RD）。研发是实现创新的基础，是企业不断寻求突破、保持竞争优势的重要方式，对企业生存产生显著影响。采用研发支出/主营业务收入衡量母公司的研发水平。

盈利能力（profit）。盈利能力会影响企业的 OFDI 决策，与海外子公司的经营息息相关。使用企业的净资产收益率来衡量企业的盈利能力，净资产收益率＝净利润/股东权益总额。

企业规模（size）。一般而言，公司的规模越大，代表公司的实力越强。在同等条件下，母公司规模越大，它能够给海外子公司提供资源的能力也就越强。以企业资产代表企业规模，并取对数处理。

国家所有权（state）。国家持股意味着企业在进行海外投资过程中很可能会有国家政策的支持，国家帮助企业在海外运作发展，使它们在海外运营时有着较强的抗风险能力。采用国家及国有法人所持有的公司股权比例来度量。

东道国经济发展速度（growth）。一个国家的经济发展速度，代表着这个国家的市场潜力。其市场潜能较大，海外子公司就更容易在当地寻求到发展的机会，从而提交生存率。采用东道国的 GDP 增长率进行度量。

经济距离（ED）。母国与东道国之间的经济距离会影响对东道国的 OFDI。采用我国与东道国之间 GDP 的差额绝对值取对数衡量。

东道国外资开放度（open）。东道国市场越开放，意味着当地的融资渠道越丰富，海外子公司则能够越快速地获取融资以支撑海外子公司的稳定经营。用东道国的外国直接投资净流入占东道国 GDP 的比例来测量。

东道国经济稳定性（inflation）。东道国的经济形势的变化将会极大地影响海外子公司的经营和死亡风险。选用东道国的各年通货膨胀率衡量东道国的经济稳定性。

制度距离（ID）。制度距离的存在会增加海外子公司在经营过程中的各种成本，如外部交易成本、内部管理成本和内部经营成本等，影响海外子公司的生存。为了避免单一指标的片面性和异常波动性，采用政治稳定性、政府效率、公民权利、规制质量、法律法规和腐败控制程度 6 项指标来衡量国家制度。6 项指标数据均来源于 WGI，能够较为全面地反映一国（地区）的制度质量。在获取各国有关制度指标数据之后，采用 Kogut 和 Singh（1988）提出的 Kogut - Singh 距离指数公式测量制度距离变量。

文化距离（CD）。文化距离是影响企业 OFDI 的重要因素。采用 Hofstede（1980）的文化价值观评价体系来计算母国和东道国的文化距离，该评价体系包括权力距离（power distance）、男性主义（masculinity）、不确定性避免（uncertainty avoidance）和个人主义（individualism）4 个指标，数据来源于 Hofstede 网站。在获取各国有关文化各项指标数据之后，采用 Kogut 和 Singh（1988）提出的 Kogut - Singh 距离指数公式计算各东道国与中国总体的文化距离。

5.3.4　变量数据来源（见表 5 - 1）

表 5 - 1　变量数据来源

变量类型		变量名称	变量符号	数据来源
被解释变量		海外子公司风险率	cens	上市公司年报
解释变量		海外华侨华人网络	Chi	联合国移民数据库
中介变量		进入模式	EM	上市公司年报
控制变量	母公司层面	研发水平	RD	锐思数据库
		盈利能力	profit	国泰安数据库
		企业规模	size	
		国家所有权	state	
	国家层面	东道国经济发展速度	growth	世界银行
		经济距离	ED	
		东道国外资开放度	open	
		东道国经济稳定性	inflation	
		制度距离	ID	
		文化距离	CD	https：//www. geert - hofstede. com/

5.3.5　模型构建

通过前文的理论综述，已初步确定海外华侨华人网络与海外子公司的生存绩效之间的关系。为了检验前文提出的假设，设定以下计量模型。

$$Model\ 1：cens_{it} = \alpha_0 + \alpha_1 Chi_{it} + \alpha_2 \sum Control_{it} + \varepsilon_{it}$$

$$Model\ 2：EM_{it} = \alpha_0 + Chi_{it} + \alpha_2 \sum Control_{it} + \varepsilon_{it}$$

$$Model\ 3：cens_{it} = \alpha_0 + \alpha_1 Chi_{it} + \alpha_2 EM_{it} + \alpha_3 \sum Control_{it} + \varepsilon_{it}$$

其中，i 表示第 i 个海外子公司，t 表示观察期，ε 表示随机扰动项。

5.3.6　描述性统计与相关系数矩阵

各变量的描述性统计和相关系数矩阵表 5 - 2 所示。

表 5 - 2 描述性统计和相关系数矩阵

	cens	Chi	EM	RD	profit	size	state	growth	ED	open	inflation	ID	CD
cens	1												
Chi	-0.0337***	1											
EM	-0.0155**	0.0714**	1										
RD	0.0636***	-0.0714***	0.0643***	1									
profit	-0.0394***	0.00630	-0.0222***	-0.00540	1								
size	0.0310***	0.1026***	-0.0349***	-0.2678***	0.1037***	1							
state	0.00740	-0.00340	-0.0530***	-0.0546***	0.0346***	0.1455***	1						
growth	-0.00110	0.1294***	0.0831***	-0.0237***	0.0115	0.0279***	-0.00510	1					
ED	-0.0274***	0.1936***	-0.00490	-0.0527***	-0.0456***	0.0974***	-0.1051***	0.2234***	1				
open	-0.00300	0.4819***	0.0631***	0.00720	0.000400	0.0582***	0.00320	0.0859***	0.1588***	1			
inflation	-0.00770	-0.2161***	0.0689***	-0.0186***	0.0136*	-0.000800	0.0315***	0.1754***	0.0250***	-0.0985***	1		
ID	-0.0132*	0.3714***	-0.0460***	0.00720	-0.00700	-0.0105	-0.00910	-0.3002***	-0.2013***	0.2084***	-0.4592***	1	
CD	0.0105	-0.4659***	-0.1363***	0.0344***	-0.0122*	-0.0609***	-0.0270***	-0.5259***	-0.2521***	-0.2507***	-0.2406***	0.4120***	1
均值	0.0788	0.0104	0.639	0.0318	0.0677	23.090	0.0313	2.687	29.810	0.0536	2.230	1.190	2.625
标准差	0.2690	0.0201	0.480	0.0490	0.2700	1.411	0.1100	1.959	0.317	0.1160	2.670	0.265	1.263
N = 18330													

注：***、**、* 分别代表在1%、5%、10%水平上显著。

表 5 - 3 的方差膨胀因子 VIF 检验结果显示，VIF 值均小于 5，且平均 VIF 值为 1.620，远小于临界值 10，说明各变量之间不存在严重多重共线性问题，可进行后续的实证分析。

表 5 - 3　方差膨胀因子 VIF 检验结果

Variable	VIF	1/VIF
CD	3.210	0.311
Chi	2.940	0.340
ID	2.670	0.375
growth	1.440	0.694
open	1.330	0.751
inflation	1.310	0.763
ED	1.210	0.828
size	1.130	0.885
rd	1.090	0.918
state	1.040	0.957
EM	1.030	0.967
profit	1.020	0.984
Mean VIF	1.620	

5.4　实证结果分析

5.4.1　基准检验结果

表 5 - 4 显示了海外华侨华人网络对海外子公司生存绩效的中介效应回归分析结果。由模型（1）得，海外华侨华人网络（Chi）的系数为 -0.8384，在 1% 的水平上显著，说明海外华侨华人网络越丰富，海外子公司死亡风险越低，生存率越高，假设 1 得到验证。

由模型（2）可知，海外华侨华人网络（Chi）的系数为 0.3807，在 1% 的水平上显著，表明东道国的华侨华人网络规模越大，海外子公司就越倾向于以绿地投资模式进入东道国。也就是说，海外子公司能通过东道国的华侨华人网络获取关于东道国的市场、文化、法律法规等信息，

表 5 - 4   海外华侨华人网络对海外子公司生存绩效的中介效应回归分析结果

	（1） cens	（2） EM	（3） cens	（4） cens
Chi	- 0.8384 *** （ - 3.63）	0.3807 *** （2.66）		- 0.8324 *** （ - 3.60）
EM			- 0.1064 * （ - 1.93）	- 0.1038 * （ - 1.88）
RD	2.5710 *** （10.26）	3.2590 *** （8.11）	2.6116 *** （10.59）	2.6075 *** （10.42）
profit	- 0.3035 *** （ - 6.48）	- 0.2220 *** （ - 3.13）	- 0.3116 *** （ - 6.62）	- 0.3054 *** （ - 6.51）
size	0.1330 *** （6.96）	- 0.0201 * （ - 1.70）	0.1266 *** （6.65）	0.1327 *** （6.92）
state	- 0.0917 （ - 0.39）	- 1.0572 *** （ - 7.47）	- 0.1075 （ - 0.46）	- 0.1197 （ - 0.51）
growth	0.0114 （0.71）	0.0324 *** （3.22）	0.0190 （1.20）	0.0121 （0.75）
ED	- 0.2531 *** （ - 3.36）	- 0.3567 *** （ - 6.37）	- 0.3051 *** （ - 4.26）	- 0.2568 *** （ - 3.43）
open	0.3290 * （1.71）	0.7291 *** （3.83）	0.2316 （1.04）	0.3423 * （1.78）
inflation	- 0.0320 ** （ - 2.48）	0.0537 *** （6.77）	- 0.0242 * （ - 1.94）	- 0.0304 ** （ - 2.37）
ID	- 0.1198 （ - 0.76）	0.0168 （0.17）	- 0.4598 *** （ - 3.66）	- 0.1167 （ - 0.74）
CD	- 0.0295 （ - 0.80）	- 0.1746 *** （ - 7.81）	0.0534 * （1.90）	- 0.0336 （ - 0.91）
cons		11.8248 *** （6.97）		
Log likelihood	- 11613.465	- 11670.089	- 11618.263	- 11611.71
N	18330	18330	18330	18330

注：括号中为 z 值；*** 、** 、* 分别表示变量在 1% 、5% 、10% 水平上显著。下同。

降低关于东道国的不确定性和收集信息的成本，从而海外子公司更倾向于以绿地投资模式进入东道国。由此假设 2 得到验证。

由模型（3）可知，进入模式（EM）的系数为 - 0.1064，在 10% 的水平上显著，表明海外子公司以绿地投资模式进入东道国，其死亡的风险率更低。模型（4）加入进入模式变量 EM 后，海外华侨华人网络（Chi）的系数显著为负，与模型 1 相比，系数绝对值有所减小。以上回归结果表明，绿地投资模式在海外华侨华人网络与中国跨国企业海外子公司生存绩效之间发挥着中介作用，假设 3 得到验证。

5.4.2　稳健性检验

为了验证研究结论的稳定性，改变回归模型，采用二元回归 Probit 模型重新检验（Jenkins，1995），检验结果如表 5 - 5 所示。表 5 - 5 中，模型（1）显示海外华侨华人网络（Chi）对海外子公司死亡风险的影响系数为 - 0.4264，在 1% 水平上显著，说明东道国华侨华人网络越丰富，海外子公司的死亡率越低，与假设 1 结果一致。模型（2）显示海外华侨华人网络（Chi）对进入模式的影响系数为 0.2005，在 5% 水平上显著，说明东道国华侨华人网络越丰富，海外子公司越倾向于以绿地投资模式进入东道国，与假设 2 结果一致。

表 5 - 5　稳健性检验 1

	（1） cens	（2） EM	（3） cens	（4） cens
Chi	- 0.4264 *** (- 3.59)	0.2005 ** (2.36)		- 0.4224 *** (- 3.55)
EM			- 0.0684 ** (- 2.39)	- 0.0670 ** (- 2.33)
rd	2.3065 *** (8.92)	1.8187 *** (7.98)	2.3828 *** (9.22)	2.3409 *** (9.04)
profit	- 0.2006 *** (- 5.28)	- 0.1220 *** (- 3.12)	- 0.2056 *** (- 5.41)	- 0.2030 *** (- 5.33)

续表

	（1） cens	（2） EM	（3） cens	（4） cens
size	0.0777*** （7.56）	−0.0129* （−1.79）	0.0751*** （7.33）	0.0777*** （7.54）
state	−0.0045 （−0.04）	−0.6505*** （−7.42）	−0.0182 （−0.15）	−0.0260 （−0.21）
growth	0.0063 （0.76）	0.0186*** （3.12）	0.0104 （1.26）	0.0067 （0.80）
ED	−0.1783*** （−4.04）	−0.2100*** （−6.40）	−0.2107*** （−4.91）	−0.1815*** （−4.13）
open	0.2280* （1.91）	0.4297*** （3.95）	0.1475 （1.18）	0.2364** （1.98）
inflation	−0.0164** （−2.55）	0.0284*** （6.65）	−0.0125** （−2.00）	−0.0155** （−2.41）
ID	−0.0864 （−1.04）	0.0058 （0.10）	−0.2623*** （−3.97）	−0.0849 （−1.03）
CD	−0.0143 （−0.74）	−0.1092*** （−7.99）	0.0280* （1.91）	−0.0169 （−0.87）
cons	2.1762 （1.63）	7.0378*** （7.07）	3.3259** （2.57）	2.3185* （1.74）
Log likelihood	−4967.9164	−11676.769	−4971.5323	−4965.205
N	18330	18330	18330	18330

模型（3）显示进入模式对海外子公司的死亡风险的影响系数为−0.0684，在5%水平上显著，说明以绿地投资模式进入东道国的海外子公司的死亡风险更低，与假设3结果一致。由以上结果可知进入模式在海外华侨华人与海外子公司生存之间也发挥着中介作用。而模型（4）在加入进入模式变量之后，海外华侨华人网络（Chi）对海外子公司死亡风险的影响系数显著为负，与模型1相比，系数绝对值有所变小，与上文结果基本一致。

如前文所述，本章的研究样本中，制造业的海外子公司数量最多，占总量的69.06%，说明制造业相对其他行业而言在中国的OFDI过程中更为活跃。故单独将制造业样本进行回归，验证结论的稳健性，检验结果见表 5 - 6。

表 5 - 6　稳健性检验 2

	（1） cens	（2） EM	（3） cens	（4） cens
Chi	- 1. 1052 ***	0. 6903 ***		- 1. 0753 ***
	（ - 3. 62）	（3. 84）		（ - 3. 53）
EM			- 0. 2848 ***	- 0. 2792 ***
			（ - 4. 25）	（ - 4. 16）
RD	2. 6471 ***	6. 1218 ***	2. 7489 ***	2. 7498 ***
	（9. 70）	（10. 28）	（10. 33）	（10. 21）
profit	- 0. 3390 ***	- 0. 2952 ***	- 0. 3526 ***	- 0. 3436 ***
	（ - 7. 56）	（ - 3. 42）	（ - 7. 86）	（ - 7. 66）
size	0. 1919 ***	- 0. 0284 *	0. 1857 ***	0. 1883 ***
	（7. 41）	（ - 1. 82）	（7. 16）	（7. 26）
state	- 0. 5950 *	- 1. 4817 ***	- 0. 6808 *	- 0. 6935 *
	（ - 1. 67）	（ - 7. 73）	（ - 1. 91）	（ - 1. 95）
growth	0. 0309	0. 0468 ***	0. 0402 **	0. 0336 *
	（1. 57）	（3. 85）	（2. 09）	（1. 72）
ED	- 0. 2613 ***	- 0. 3374 ***	- 0. 3241 ***	- 0. 2715 ***
	（ - 2. 85）	（ - 5. 19）	（ - 3. 77）	（ - 3. 02）
open	0. 3231	0. 5701 **	0. 2001	0. 3559
	（1. 33）	（2. 52）	（0. 69）	（1. 47）
inflation	- 0. 0304 *	0. 0762 ***	- 0. 0180	- 0. 0254 *
	（ - 1. 95）	（7. 63）	（ - 1. 20）	（ - 1. 65）
ID	0. 0394	- 0. 0555	- 0. 3255 **	0. 0376
	（0. 21）	（ - 0. 49）	（ - 2. 09）	（0. 20）
CD	- 0. 0162	- 0. 1141 ***	0. 0678 *	- 0. 0240
	（ - 0. 37）	（ - 4. 24）	（1. 89）	（ - 0. 54）
cons		11. 2950 ***		
		（5. 68）		
Log likelihood	- 7414. 4549	- 7966. 2349	- 7412. 4301	- 7405. 9431
N	12803	12803	12803	12803

如表 5 - 6 结果所示，以上 4 个模型中，海外华侨华人网络对海外子公司的死亡风险率的系数显著为负（r = - 1.1052，在 1% 水平上显著），海外华侨华人网络对进入模式的系数显著为正（r = 0.6903，在 1% 水平上显著），进入模式对海外子公司的死亡风险率的系数显著为负（r = - 0.2848，在 1% 水平上显著）。在控制了中介变量 EM 之后，海外华侨华人网络对海外子公司的死亡风险率的系数显著为负，说明进入模式在海外华侨华人网络与海外子公司生存之间发挥着中介作用。

以上可知，无论是改变模型还是分样本回归，各假设检验结果均与前文一致，说明研究结论具有稳健性。

5.5　海外华侨华人网络嵌入悖论的进一步讨论

由第 4 章的分析可知当东道国和母国之间文化距离较小的时候，高绩效的海外子公司往往只和华侨华人网络保持某一种嵌入关系，即适度的嵌入更有利于企业取得高绩效。这说明外部网络嵌入对海外子公司绩效的提升作用存在最优解，即两者之间不能太松导致无法形成关系，也不能太紧导致过度依赖（Uzzi，1997）。因此，从社会关系网络和网络嵌入性视角来看，良好的外部关系网络有利于网络成员（企业）之间的资源流动，并且能够在一定程度上降低交易成本；但是当网络关系过于紧密时，不仅需要付出过高的维系关系的成本，而且不利于网络成员（企业）与网络外部的交流和互动，从而存在"过犹不及"的现象。海外华侨华人网络作为中国 OFDI 企业在东道国的重要关系网络，其网络强度必然会对中国 OFDI 企业在东道国的经营产生重要影响。当 OFDI 企业与海外华侨华人网络关系嵌入性过强时，不仅需要较高的维持网络关系成本，而且网络所提供的知识异质性下降、冗余知识较多，从而产生"路径依赖"（周欢怀，2016），这反而不利于海外子公司获得新的资源，同时高强度网络关系嵌入的知识异质性也会下降，不利于企业生存。为了检验海外华侨华人网络对中国跨国企业海外子公司生存绩效的影响是否存在"过犹不及"悖论，将海外华人网络的平方项（Chi^2）加入回归模型进行检验。表 5 - 7 汇报了检验结果。列（1）没有加入进入模式 EM 变量，列（2）

加入了进入模式 EM 变量。列（1）和列（2）的回归结果都显示，海外华侨华人网络平方项（Chi²）结果不显著，说明不存在悖论。①

表 5 - 7　海外华侨华人网络嵌入悖论的进一步讨论的检验结果

	（1）cens	（2）cens
Chi	- 1. 2058	- 1. 1393
	（ - 1. 55）	（ - 1. 47）
Chi²	0. 7369	0. 6156
	（0. 50）	（0. 41）
EM		- 0. 1028 *
		（ - 1. 86）
RD	2. 5637 ***	2. 6009 ***
	（10. 20）	（10. 36）
profit	- 0. 3042 ***	- 0. 3059 ***
	（ - 6. 49）	（ - 6. 52）
size	0. 1334 ***	0. 1330 ***
	（6. 97）	（6. 93）
state	- 0. 0931	- 0. 1205
	（ - 0. 40）	（ - 0. 51）
growth	0. 0124	0. 0130
	（0. 77）	（0. 80）
ED	- 0. 2540 ***	- 0. 2575 ***
	（ - 3. 37）	（ - 3. 44）
open	0. 3126	0. 3285 *
	（1. 59）	（1. 67）
inflation	- 0. 0319 **	- 0. 0303 **
	（ - 2. 48）	（ - 2. 36）

① 第 6 章关于创新效应的检验中将海外华侨华人网络平方项（Chi²）加入回归模型，检验海外华侨华人网络与中国企业 OFDI 逆向技术创新效应之间的"倒 U 形"非线性关系假设，假设得到验证。说明海外华侨华人网络对中国跨国企业 OFDI 创新绩效的影响存在嵌入悖论。

续表

	（1） cens	（2） cens
ID	− 0.1050	− 0.1044
	（− 0.66）	（− 0.65）
CD	− 0.0228	− 0.0279
	（− 0.58）	（− 0.71）
Log likelihood	− 11613.342	− 11611.624
N	18330	18330

5.6　结论与启示

本章基于 Cox 生存分析模型的检验结果表明，海外华侨华人网络正向影响海外子公司生存绩效。中介效应检验发现，在华侨华人网络丰富的东道国，中国跨国企业海外子公司更倾向于选择绿地投资模式，进而产生更高的生存绩效。

无论是在改革开放初期，还是在中国经济快速发展时期，海外华侨华人网络都对中国的发展做出了巨大的贡献。中国 OFDI 目前正处于高速发展阶段，越来越多的企业选择"走出去"开拓市场。然而国际市场复杂多变的环境和激烈的竞争导致"走出去"企业面临巨大的挑战，海外子公司"走出去"的结果并不理想，提升海外子公司生存率成为企业亟须考虑的问题。在此背景下，海外华侨华人网络势必会在中国海外子公司的生存方面发挥重要作用。

在政府层面，政府可以充分发挥广大海外侨胞和归侨侨眷在中国企业"走出去"过程中的桥梁、纽带作用，这将有助于中国企业克服跨国投资障碍，提高投资绩效。通过积极构建海外平台，增强与海外华侨华人的联系与交流，如在各地建立华侨华人联系中心，方便当地的海外华侨华人和海外子公司之间的联系，增强彼此的交流。还可以通过海外华文教育的建设或者主办各类文化学习活动，加强新生代海外华裔的情感和文化认同。可以出台一系列政策引导企业投资于海外华侨华人网络丰富的地区，以更大程度地利用海外华侨华人网络。在"一带一路"倡议的实施过程中，政府部门应重视对全球华侨华人网络这一非正式制度安排的组织与利用，例如鼓励华人商会和华人投资促进会等参与"一带一路"倡议的实施，建立各种形式的组织和举办各种华商团体的联谊活动，以加强"一带一路"沿线各国华侨华人之间以及他们与中国之间的信息沟通、联系和交流。

在企业层面，企业应当重视对海外华侨华人网络的利用，在投资过程中慎重考虑海外华侨华人网络这一因素，尽量投资于海外华侨华人网络丰富和发达的地区。海外华侨华人网络作为一种不可或缺的资源，能够让中国企业减少在东道国面临的外来者劣势，不仅有助于中国企业"走出去"，还有利于"走进去"。海外投资企业应该重视海外华侨华人网络因素，获取外部和内部合法性，降低退出风险，提高海外投资绩效。东道国华侨华人网络能在中国企业融入东道国商业网络中发挥桥梁和纽带作用，有利于企业获取外部合法性。另外，文化冲突是影响海外子公司生存的重要因素之一，因此海外子公司在东道国经营过程中，可以多选择华人雇员，以减少公司内部的文化冲突管理成本，获取公司内部合法性。进入模式作为跨国企业进入东道国的重要决策之一，它不仅直接影响着母公司对海外子公司的资源承诺，还影响着海外子公司所面临的东道国风险和投资绩效。因此，企业应当根据东道国海外华侨华人网络的丰富程度并结合其自身的优势合理选择进入模式，以提高生存的可能性。

第6章 海外华侨华人网络与中国跨国企业国际竞争新优势

——逆向技术创新效应检验

获取逆向技术创新效应、构建国际竞争新优势是中国企业 OFDI 的重要动机。本章结合社会网络理论、网络嵌入理论和组织学习理论，以既包含上市企业又包含非上市企业的样本量更大、代表性更广的工业企业数据库为研究样本，对海外华侨华人网络、组织学习与中国企业 OFDI 逆向技术创新效应的关系进行实证检验。

6.1 问题提出

如何推动开放型经济加快由要素驱动向创新驱动转变，由以成本优势为主向以创新能力为核心的国际竞争新优势转变，已经成为新时代中国推进"走出去"战略的重要目标之一。在"一带一路"倡议中，中国政府鼓励企业加大对"一带一路"沿线国家直接投资；党的十九大报告也强调要"创新对外投资方式"，"加快培育国际经济合作和竞争新优势"。作为社会关系网络的海外华侨华人网络具有本土化与国际化双重特征，中国 OFDI 子公司自然会嵌入东道国海外华侨华人网络之中，这是中国企业"走出去"的一个天然优势。但是学术界对海外华侨华人网络如何影响中国企业"走出去"的进程还缺乏深入的、机理性的剖析和思考。在此背景下，研究分布全球的华侨华人网络对中国跨国企业创新能力影响的机制机理，探究中国跨国企业既要"走出去"，还要"走下去"与"走上去"

的政策和管理建议，则具有重要的理论价值与现实意义。

目前，学术界对海外华侨华人网络在企业"走出去"中的重要作用已经有所关注。但从研究广度、深度上看仍倾向于研究海外华侨华人网络对国际贸易、吸引外商直接投资和对外直接投资区位选择的影响，而关注其对 OFDI 投资效果影响的文献较少。不同于以往研究，本书从社会关系网络视角和网络嵌入性视角出发，研究海外华侨华人网络对中国企业 OFDI 逆向技术创新效应的影响。依据社会网络理论，良好的外部关系网络可以创造更多技术共享的机会，促进技术扩散，提高技术创新绩效和培育国际竞争新优势。因此，东道国华侨华人网络对中国企业 OFDI 逆向技术创新效应能产生积极影响。然而，当企业嵌入东道国华侨华人网络过于紧密时，对 OFDI 逆向技术创新效应也可能产生负向影响：一是需要较高的维持网络关系成本，而且网络所提供的知识异质性下降、冗余知识较多，从而产生"路径依赖"（周欢怀，2016）；二是形成对华侨华人网络所提供便利的依赖，降低与东道国企业或者网络外企业交往的意愿。从长期来看，这不利于企业获取持续的竞争优势。由此可见，海外华侨华人网络与中国企业 OFDI 逆向技术创新效应之间并不仅仅是简单的线性关系，而且可能存在非线性关系。衣长军等（2017）考察了海外华侨华人网络与企业对外直接投资逆向技术溢出效应的关系，提出海外华侨华人网络与 OFDI 逆向技术溢出之间并不是简单的线性关系的结论，但该文未从理论上论述华侨华人网络对 OFDI 逆向技术溢出效应的影响机制，对华侨华人网络代理变量的选取、组织学习调节机理和内生性问题等方面也尚未深入研究。

本章以 2005～2013 年中国对外直接投资企业为研究对象，对中国工业企业数据库和商务部《境外投资企业（机构）名录》数据进行匹配，结合社会网络理论、网络嵌入理论和组织学习理论，采用最小二乘法和工具变量法对海外华侨华人网络、组织学习与企业 OFDI 逆向技术创新效应之间的关系进行研究。本章学术贡献主要是从理论上论证华侨华人网络与 OFDI 逆向技术创新效应的"倒 U 形"关系假说，并在实证检验中解决了内生性问题。具体表现在以下四个方面。

第一，以往研究大多关注母国或者东道国的制度环境、GDP、研发投入等"硬变量"对企业 OFDI 逆向技术创新效应的影响，而本书关注中国企业"走出去"的天然独特优势：东道国华侨华人网络这一"软变量"对企业 OFDI 逆向技术创新效应的影响，并且进一步验证了海外华侨华人网络与中国企业 OFDI 逆向技术创新效应之间存在"倒 U 形"关系。

第二，考虑到海外子公司在企业 OFDI 逆向技术创新效应获取过程中的作用，首次将海外子公司组织学习活动纳入分析框架，进一步研究"海外华侨华人网络如何作用于企业 OFDI 逆向技术创新效应"。研究发现，与利用式学习模式相比，探索式学习模式更能够负向调节海外华侨华人网络与中国企业 OFDI 逆向技术创新效应之间的"倒 U 形"关系。

第三，从社会关系网络视角和网络嵌入性视角阐释海外华侨华人网络的作用，更加关注 OFDI 企业"走出去"以后与海外华侨华人网络的互动过程，研究视角相对新颖。

第四，采用工具变量法对内生性问题进行修正，不仅验证了估计结果的一致性与稳健性，而且为目前关于海外华侨华人网络对企业 OFDI 逆向技术创新效应的研究提供新的思路。此外，分别采用最小二乘法 OLS 和工具变量 GMM 方法进行回归，并进行对比分析，进一步揭示了内生性问题对结果的影响。

6.2   机理分析与研究假设

6.2.1   海外华侨华人网络与企业 OFDI 逆向技术创新效应

早期文献主要关注移民网络对国际贸易和外商对华直接投资的促进作用。随着"走出去"战略的实施和我国对外直接投资规模的不断扩大，相关研究开始关注海外华侨华人网络对 OFDI 的影响。Baghdadi 和 Cheptea（2010）从信息传播和共享的角度进行分析，认为移民网络在促进移民来源国和东道国之间的双边投资中发挥着极其重要的作用。贺书锋和郭羽诞（2010）利用 2003 ~ 2008 年中国企业对 87 个国家与地区的对外直接投资数据，分析海外华侨华人网络对中国对外直接投资的影响。研究发现海外华侨华人网络对中国对外直接投资有明显的促进作用，并指出海外华侨华人网络能够通过信息共享和契约监督机制，克服因信息不对称导致的投资机会稀缺和道德风险增加等劣势。吴群锋和蒋为（2015）基于中国对全球 132 个经济体对外直接投资的流量与存量数据，发现海外华人网络促进了中国企业"走出去"，中国企业在华人分布密集的地区更容易实现对外直接投资。

社会关系网络已经成为企业自身发展的重要战略资源之一，在"走出去"战略背景下，海外华侨华人网络作为本国族裔关系网络的延续，是跨国企业社会关系网络的重要组成部分，其对 OFDI 企业在东道国生存与发展的影响也是值得深入探讨的学术问题。Schweizer 等（2010）提出 OFDI 逆向技术溢出存在三个阶段：第一个阶段是母国跨国企业的海外分支机构通过和当地企业展开研发合作和竞争获取知识；第二个阶段是海外分支机构通过对知识进行消化、吸收并提升自身研发能力和竞争优势；第三个阶段是海外分支机构把经消化、吸收后的知识传递给母公司，母公司进行消化吸收。因此，OFDI 逆向技术创新效应的实现被视为一个知识传递的过程，海外子公司对知识的获取与传递直接影响了 OFDI 企业的知识获得和消化吸收。

依据社会网络理论，良好的外部关系网络可以创造更多技术共享的机会，促进技术扩散，提高技术创新绩效和培育国际竞争新优势。汪占熬和张彬（2013）将海外华侨华人网络视为重要的社会关系网络，指出 OFDI 企业通过海外移民一般更容易与东道国本土企业形成稳固的人际关系网络。"走出去"的中国企业必然会嵌入东道国的华侨华人网络之中。显然，中国 OFDI 企业对知识的获取与吸收会受到该关系网络的影响。根据这一解释，东道国华侨华人网络越活跃，越有利于中国企业 OFDI 逆向技术创新效应的实现。前述企业的网络嵌入存在"过犹不及"的现象。海外华侨华人网络与中国企业 OFDI 逆向技术创新效应之间可能存在非线性关系。综上分析，提出以下假设。

假设 1：海外华侨华人网络与中国企业 OFDI 逆向技术创新效应之间存在非线性关系，具体表现为"倒 U 形"关系。当东道国华侨华人网络没有达到阈值之前，华侨华人网络能够增强中国企业 OFDI 逆向技术创新效应；而当其达到阈值之后，则会抑制中国企业 OFDI 逆向技术创新效应。

6.2.2　组织学习的调节效应

组织学习是创新理论关注的焦点，是企业创新绩效的关键影响因素。自 March（1991）提出了"探索"和"利用"概念并将之应用于组织学习领域以来，探索性学习和利用性学习已经成为组织学习理论的主导分析框架（Levinthal 和 March，1993；Gupta 等，2006；McGrath 和 Gordan，2011）。组织学习有利于企业识别外部环境中的机会和威胁，并充分利用企业自身的能力和资源以满足市场需求，从而为企业提供持续的竞争优势（曾萍和蓝海林，2011；马鸿佳等，2015）。关于组织学习对 OFDI 企业影响的研究文献相对较少。Petersen 和 Pedersen（2002）研究发现，在 OFDI 前期，跨国公司进行组织学习可以极大地降低海外投资东道国经营环境的不确定性。Zhou 等（2016）研究发现，探索式学习与利用式学习对中国跨国企业新产品绩效均具有正向影响，海外子公司可以通过组织学习获取新的管理方式、创新能力、营销技能以及其他无形资产，并将其传递给母公司实现逆向知识转移，从而提高跨国公司整体创新绩效。衣长军等（2018）利用 2005～2015 年企业层面数据考察了组织学习对制度距离与企业 OFDI 逆向技术创新效应的调节作用，发现探索式学习能够有效地正向调节非正式制度距离的负效应。

探索式学习和利用式学习是两种不同的组织学习模式，对企业产生的影响也有所不同。探索式学习往往涉及新技术的搜寻和新知识的探索（Abebe 和 Angriawan，2014）。但是，探索性学习本身就具有高风险，难以保证短期绩效，加上组织缺乏相应的成功经验，经常会遭遇探索性学习的失败，在失败之后，组织可能会产生一系列"狂热试验、变革与创新"行为，陷入"试验—失败—试验"的恶性循环（王凤彬等，2012；朱朝晖和陈劲，2008），不利于企业维持生存。利用式学习是对已有知识的一种延伸性学习，注重现有知识和资源的获取和利用。然而，从长期来看，组织容易陷入"成功陷阱"，从而导致组织的"学习锁定"、"路径依赖"和"技术惰性"，使得组织行为局限于成功的经验，企业锁定在已经形成的某种能力格局之中，难以发展新的能力适应环境变化，导致核心刚性（朱朝晖和陈劲，2008；He 和 Wong，2004；

Gupta 等，2006）。

当企业刚刚进入东道国或东道国华侨华人网络强度较弱时，企业对东道国的社会、文化和政治环境比较陌生，与当地企业的联系较弱，面临较大的外来者劣势。探索式学习具有风险性（王凤彬等，2012；朱朝晖和陈劲，2008），且对于绩效的影响往往具有滞后性，若盲目地进行探索式学习，将不利于企业稳定经营。而利用式学习对于绩效的影响在较短时间内就能够体现，通过利用式学习，企业可以充分利用已有的华侨华人网络资源，发挥其桥梁和纽带作用，克服外来者劣势，实现稳定经营，从而获取更多的知识或资源；或者能够帮助企业更好地获得异质性知识并将其传递给母公司，提升企业创新能力。当东道国华侨华人网络强度过高时，企业容易产生"路径依赖"。而探索式学习则有利于企业保持与其他企业的联系，降低"路径依赖"产生的可能性。可见，海外子公司采取不同的组织学习模式能够对其与东道国华侨华人网络的关系以及与网络外部企业的关系产生不同的效应，从而影响其所能够获得的资源，进而影响企业 OFDI 逆向技术创新效应。基于此，提出以下假设。

假设 2：组织学习能够调节海外华侨华人网络与中国企业 OFDI 逆向技术创新效应之间的关系。与利用式学习模式相比，探索式学习模式更能够负向调节海外华侨华人网络对中国企业 OFDI 逆向技术创新效应的"倒U 形"关系。

综上所述，本书从社会关系网络和网络嵌入性两个视角，构造了海外华侨华人网络对中国企业 OFDI 逆向技术创新效应理论模型，如图 6－1 所示。

图 6－1　海外华侨华人网络对中国企业 OFDI 逆向技术创新效应理论模型

6.3　计量模型、变量与数据

6.3.1　样本选择

本章数据主要来源于中国工业企业数据库和商务部《境外投资企业（机构）名录》。首先，根据中国工业企业数据库和《境外投资企业（机构）名录》，匹配出 2005 ~ 2013 年进行境外投资活动的企业名单以及相应的微观数据。[①] 其次，由于中国工业企业数据库非常庞大，在统计过程中难免出现偏差，基于数据的准确性需要对数据进行筛选。参照谢千里等（2008）和余淼杰（2011）的研究：（1）删除企业销售额、工业总产值、营业利润、固定资产、利息支出中任何一项存在零值、负值或者缺漏值的企业；（2）删除从业人员数小于 10 的企业。参照戴觅和聂华（2012）的研究，删除企业年龄小于等于 0 的企业。遵循一般会计准则，根据 Feenstra 等（2017）的研究，删除出口交货值大于销售收入、流动资产大于总资产、固定资产大于总资产、流动负债大于总负债、长期负债大于总负债的企业。再次，利用匹配后数据中的境外机构所在地整理出各年企业的对外投资国，收集国家层面的宏观数据。最后，将企业层面数据与国家层面数据相结合即得到本书主要数据。此外，为了避免华侨华人网络异常值的影响，研究样本不包括投资于港澳台地区的企业；而在维尔京群岛、开曼群岛、百慕大群岛等"避税天堂"国家与地区进行投资的企业大多是为了获取免税等政策优惠，而不是以企业国际化为目的，因此将其剔除。

经过以上匹配和筛选，最终得到 2005 ~ 2013 年 OFDI 企业 3969 家，拥有海外子公司 5498 家，涉及东道国 73 个。

6.3.2　指标设计与数据说明

（1）被解释变量

OFDI 逆向技术创新效应（tfp）。全要素生产率是除去人力、资本等

---

① 2013 年是能获取的中国工业企业数据库最新数据截止年份。

生产要素对产出增长的贡献，指单纯由技术进步等非生产性投入带来的贡献。借鉴叶娇和赵云鹏（2016）的研究，本书使用 OFDI 企业的全要素生产率衡量企业的 OFDI 逆向技术创新效应。中国工业企业数据库没有给出每个企业的全要素生产率，因此在对模型进行回归之前，首先需要估计出每一个企业的全要素生产率。

理论上全要素生产率是一个微观层面的概念，然而由于早期企业微观数据较难获得，其绝大多数是基于宏观数据进行分析。随着企业微观层面数据的可获得性提高，较多研究开始对全要素生产率进行微观层面的分析。本书利用柯布－道格拉斯生产函数模型的对数形式测度全要素生产率。基于数据的可获得性，又选用工业生产总值作为企业的产出变量，以 2005 年为基期进行平减；选取固定资产总量作为企业资本投入的代理变量，同样进行平减；以企业从业人员人数为劳动投入的代理变量，采用 OLS 方法来估算企业全要素生产率，数据来源于中国工业企业数据库。

（2）解释变量

海外华侨华人网络（Chi）。借鉴杨希燕和唐朱昌（2011）的方法，使用东道国中国移民存量除以相应各年东道国人口总数的比例近似度量东道国华侨华人网络的联系强度和联系频率。数据来源于联合国移民数据库。

（3）调节变量

组织学习（learn）。为了研究探索式学习和利用式学习两种不同的组织学习模式对中国企业 OFDI 逆向技术创新效应的不同影响，本书按海外子公司的经营范围对组织学习模式进行界定，将该变量设定为虚拟变量。具体而言，若某一海外子公司的经营范围为技术咨询和研发类，则将该子公司的组织学习模式界定为探索式学习，取值为 1；若其经营范围为非技术咨询和研发类，则将该子公司的组织学习模式界定为利用式学习，取值为 0。资料来源于商务部《境外投资企业（机构）名录》中子公司经营范围。

（4）工具变量

海外华侨华人网络是中国企业 OFDI 逆向技术创新效应的主要影响因

素之一，但是有可能也存在逆向因果关系。比如中国企业到海外东道国投资获利，可能会鼓励更多中国人移民到该东道国，这种双向因果关系所导致的内生性，将使 OLS 估计产生偏差（洪永淼，2011）。为了避免这一问题，笔者进一步选用严格外生的工具变量，采用工具变量法检验海外华侨华人网络与中国企业 OFDI 逆向技术创新效应关系的一致性，工具变量选择如下。

①双边伙伴关系（partner relationship）。本书借鉴衣长军和徐雪玉（2016）的研究，将国与国之间的伙伴关系划分成 8 个不同层次：无关系、合作伙伴关系、全面合作伙伴关系、战略伙伴关系、战略合作伙伴关系、全面战略伙伴关系、全面战略合作伙伴关系、全天候战略合作伙伴关系，依次赋值为 0~7，数据根据中华人民共和国外交部网站相关外交文件整理获得。

②两国建交时间（jtime）。以当年年份与中国和东道国的建交初始年份之差测量两国建交时间。数据来源于中华人民共和国外交部网站。

（5）控制变量

基于现有文献的研究和数据的可得性，本书选取的控制变量具体包括：制度距离（ID）、东道国对外贸易（trade）、东道国信息发展水平（ict）、经济距离（ED）、东道国经济发展速度（growth）、东道国经济稳定性（inflation）、企业规模（size）、企业年龄（age）、盈利能力（profit）、出口密集度（expshare）、人均管理成本（manage）以及国家所有权（state）。

各变量界定、解释及数据来源如表 6-1 所示。

6.3.3　描述性统计与变量相关系数矩阵

各变量描述性统计与变量相关系数矩阵如表 6-2 所示。

为了进一步检验变量间是否存在多重共线性，测算相关变量的方差膨胀因子（VIF），得出变量的多重共线性检验结果如表 6-3 所示，所有变量的平均 VIF 值为 1.58，远小于 5，表明各变量不存在显著的多重共线性。

表 6 - 1　各变量界定、解释及数据来源

变量类型	变量名称	测量指标	标　识	数据来源
被解释变量	OFDI 逆向技术创新效应	全要素生产率,取对数	tfp	中国工业企业数据库
解释变量	海外华侨华人网络	东道国中国移民存量与东道国人口比例	Chi	联合国移民数据库
调节变量	组织学习	根据海外子公司经营范围确定,探索式学习取值为 1,利用式学习取值为 0	learn	商务部《境外投资企业（机构）名录》
工具变量	双边伙伴关系	划分成 8 个不同层次,依次赋值为 0 ~ 7	partner relationship	中华人民共和国外交部网站
	两国建交时间	各年东道国与中国的建交时间之差	jtime	中华人民共和国外交部网站
	制度距离	采用 Kogut - Singh 距离指数计算公式计算各东道国与中国的制度距离	ID	世界银行全球治理指标数据库
控制变量（宏观）	东道国对外贸易	东道国进出口总额,取对数	trade	世界银行世界发展指标数据库
	东道国信息发展水平	东道国当年固定电话和移动电话的拥有率、计算机普及程度及互联网应用水平的几何加权平均数,取对数	ict	
	经济距离	东道国与中国人均 GDP 的绝对值之差,取对数	ED	
	东道国经济发展速度	东道国 GDP 增长率	growth	
	东道国经济稳定性	东道国当年通货膨胀率	inflation	

续表

变量类型	变量名称	测量指标	标　识	数据来源
控制变量（微观）	企业规模	企业销售额，取对数	size	中国工业企业数据库
	企业年龄	当年年份与企业开业年份之差，取对数	age	
	盈利能力	营业利润与企业销售额之比	profit	
	出口密集度	出口交货值与企业销售额之比	expshare	
	人均管理成本	管理费用与从业人数之比，取对数	manage	
	国家所有权	将所有制结构分为民营、外资、国有，分别赋值为1、2、3	state	

表 6 - 2　各变量描述统计与变量相关系数矩阵

	tfp	Chi	learn	trade	ict	ID	ED	growth	inflation	size	age	profit	expshare	manange	state
tfp	1														
Chi	0.038***	1													
learn	0.027***	0.00200	1												
trade	-0.062***	0.092***	0.046***	1											
ict	-0.041***	0.244***	0.075***	0.743***	1										
ID	-0.057***	0.409***	0.079***	0.596***	0.659***	1									
ED	0.051***	0.073***	-0.101***	0.072***	-0.028***	-0.057***	1								
growth	0.083***	0.071***	-0.048***	-0.481***	-0.521***	-0.427***	0.080***	1							
inflation	0.040***	-0.171***	-0.062***	-0.497***	-0.561***	-0.601***	0.095***	0.429***	1						
size	0.420***	0.090***	0.097***	-0.072***	-0.038***	-0.036***	0.051***	0.056***	0.021***	1					
age	0.020***	0.040***	0.043***	-0.032***	-0.015***	-0.029***	0.053***	0.00100	-0.00900	0.390***	1				
profit	0.122***	0.016***	0.046***	0.013***	0.0100	0.014***	0.013***	0.00900	-0.00200	0.114***	0.035***	1			
expshare	-0.136***	-0.049***	-0.067***	0.075***	0.062***	0.048***	0.00600	-0.096***	-0.040***	-0.143***	-0.027***	-0.063***	1		
manange	0.096***	0.052***	0.117***	0.033***	0.024***	0.029***	0.025***	-0.095***	-0.012*	0.345***	0.219***	0.044***	0.00500	1	
state	0.035***	0.042***	0.051***	-0.027***	0.00100	0.013*	-0.00900	-0.00100	-0.013*	0.315***	0.082***	0	-0.0100	0.139***	1
均值	-0.0039	0.0754	0.4466	27.3062	3.3527	2.5252	29.1971	0.0295	4.1371	12.4165	2.2289	0.0610	0.3317	0.9832	1.4657
标准差	0.9524	0.1651	0.4972	1.3898	0.9952	1.6701	0.7004	0.0328	4.0093	1.9730	0.6862	0.1750	0.3546	0.6062	0.6603

N = 23686

注：***、**、* 分别代表在 1%、5%、10% 水平上显著。

表 6 - 3　变量的多重共线性检验结果

变量	Chi	learn	trade	ict	ID	ED	growth	inflation	size	age	profit	expshare	manage	state
VIF 值	1.42	1.04	2.59	2.98	2.57	1.07	1.61	1.76	1.47	1.20	1.02	1.04	1.18	1.12

平均 VIF 值 = 1.58

6.3.4 计量模型设定

为了检验海外华侨华人网络对 OFDI 逆向技术创新效应的可能的非线性影响，将海外华侨华人网络的一次项 Chi 及二次项 Chi^2 加入基础模型。此外，为了避免加入交互项之后带来的多重共线性问题，对海外华侨华人网络变量进行了中心化处理，得到其二次项，具体模型如下。

$$\text{tfp}_{kj} = u_k + \alpha_1 Chi_{ij} + \alpha_2 Chi_{ij}{}^2 + \alpha_3 \sum Control_{ijt} + \varepsilon_{kj} \qquad (6-1)$$

其中，k 表示企业，i 表示东道国国别，j 表示年份，例如 tfp_{kj} 表示第 j 年 k 企业的全要素生产率。u_k 表示随企业不同而变化的企业个体效应；ε_{kj} 为随机扰动项。

为了检验组织学习对海外华侨华人网络与 OFDI 逆向技术创新效应之间关系的调节效应，在模型（6-1）的基础上分别加入了组织学习变量（$learn_{kj}$）、组织学习与中心化处理后的海外华侨华人网络一次项和二次项的交互项，构建了模型（6-2），具体模型如下。

$$\text{tfp}_{kj} = u_k + \alpha_1 Chi_{ij} + \alpha_2 Chi_{ij}{}^2 + \alpha_3 learn_{kj} + \alpha_4 learn_{kj} \times Chi_{ij} +$$
$$\alpha_5 learn_{kj} \times Chi_{ij}{}^2 + \alpha_6 \sum Control_{it} + \varepsilon_{it} \qquad (6-2)$$

其中，$learn_{kj} \times Chi_{ij}$ 和 $learn_{kj} \times Chi_{ij}{}^2$ 分别表示组织学习与海外华侨华人网络的一次项和二次项的交互项。

6.4 海外华侨华人网络与 OFDI 创新效应检验结果

6.4.1 模型筛选

为了比较可能存在的内生性对参数估计结果的影响，首先采用 OLS 法对海外华侨华人网络对中国企业 OFDI 逆向技术创新效应的影响进行估计与检验。由于所使用的数据为面板数据，使用 OLS 法对面板数据进行分析主要有三种模型：混合效应模型（POLS）、固定效应模型（FE）和随机效应模型（RE）。混合效应模型假设在面板数据中既无显著的个体效应也无显著的时间效应，即不同个体之间不存在显著性差异；而固定效应模型和随机效应模型则考虑了个体效应和时间效应。为了选择合适模型进行分析，首先，利用 stata15 软件采用三种回归方法对模型（6 - 1）进行回归，回归结果如表 6 - 4 所示。其次，对模型（6 - 1）分别进行了 F 检验、LM 检验和 Hausman 检验，结果如表 6 - 4 所示。

表 6 - 4　三种模型的回归结果

变　　量	POLS	FE	RE
Chi	0.054	5.897 ***	0.921 ***
	(0.39)	(7.85)	(3.97)
Chi^2	- 0.025	- 4.445 ***	- 1.117 ***
	(- 0.14)	(- 6.33)	(- 3.85)
trade	- 0.012 *	- 0.121 ***	- 0.004
	(- 1.85)	(- 3.63)	(- 0.37)
ict	0.033 ***	0.292 ***	0.127 ***
	(3.51)	(12.47)	(9.55)
ID	- 0.025 ***	- 0.045	- 0.075 ***
	(- 4.22)	(- 1.51)	(- 8.09)
ED	0.039 ***	- 0.002	0.051 ***
	(4.74)	(- 0.17)	(5.51)
growth	1.149 ***	1.037 ***	0.860 ***
	(5.46)	(5.88)	(5.42)
inflation	- 0.024	- 0.002	- 0.013
	(- 1.35)	(- 0.13)	(- 0.86)
size	0.248 ***	0.521 ***	0.346 ***
	(73.54)	(64.53)	(69.61)
age	- 0.232 ***	- 0.332 ***	- 0.245 ***
	(- 26.67)	(- 23.02)	(- 23.10)
profit	0.366 ***	0.150 ***	0.259 ***
	(11.66)	(5.59)	(9.95)
expshare	- 0.183 ***	- 0.501 ***	- 0.413 ***
	(- 11.23)	(- 24.63)	(- 23.31)
manage	- 0.042 ***	- 0.192 ***	- 0.174 ***
	(- 4.32)	(- 20.43)	(- 19.97)

变　　量	POLS	FE	RE
state	− 0. 152 ***	0. 181 ***	− 0. 043 ***
	(− 17. 34)	(10. 41)	(− 3. 49)
常数项	− 3. 146 ***	− 3. 076 ***	− 5. 052 ***
	(− 12. 10)	(− 3. 65)	(− 14. 79)
R^2	0. 2288	0. 2902	0. 2726
N	23686	23686	23686

注：*** 、** 、* 分别代表显著水平为1%、5%、10%，括号内数值为 t 统计量。

如表 6 - 5 所示，首先，F 检验结果显著拒绝了"混合效应模型是可以接受的"原假设，因此不宜采用混合效应模型；其次，LM 检验结果强烈拒绝了"不存在个体随机效应"的原假设，即认为在"随机效应"与"混合效应"二者之间，因此应该选择"随机效应"；最后，利用 Hausman 检验对固定效应模型和随机效应模型进行取舍，Hausman 检验结果显著拒绝了"应该使用随机效应模型"的原假设，因此应该采用固定效应模型。综合以上检验结果和分析，采用固定效应模型对海外华侨华人网络与中国企业 OFDI 逆向技术创新效应之间的关系进行研究。

表 6 - 5　面板模型类型选择检验

检验方法	原假设 H_0	统计量	P 值	
F 检验	H_0 : all	混合效应模型是可以接受的	8. 11	0. 0000
LM 检验	H_0 : all	不存在个体随机效应	14147. 31	0. 0000
Hausman 检验	H_0 : 与, 不相关	应该使用随机效应模型	1738. 56	0. 0000

6.4.2　OLS 估计结果

采用固定效应模型进行回归，得出主效应回归结果及稳健性检验结果如表 6 - 6 所示。模型 1 是对只包含控制变量的基础模型的回归；模型 2 是采用固定效应模型对模型 (6 - 1) 的回归；为了避免异方差和自相关的对回归结果的影响，模型 3 是控制了异方差因素干扰的回归结果；模型 4 是使用工具变量法的两阶段 GMM 估计结果。

表 6 – 6　主效应回归结果及稳健性检验结果

变　量	模型 1	模型 2 （FE）	模型 3 （FE_ robust）	模型 4 （IV_ GMM）
trade	– 0.034 （– 1.10）	– 0.121 *** （– 3.63）	– 0.121 *** （– 2.73）	– 0.020 ** （– 2.56）
ict	0.248 *** （11.01）	0.292 *** （12.47）	0.292 *** （9.50）	0.047 *** （4.35）
ID	– 0.041 （– 1.41）	– 0.045 （– 1.51）	– 0.045 （– 1.36）	– 0.052 *** （– 3.24）
ED	– 0.001 （– 0.09）	– 0.002 （– 0.17）	– 0.002 （– 0.13）	0.012 （1.00）
growth	0.962 *** （5.48）	1.037 *** （5.88）	1.037 *** （5.02）	2.330 *** （8.63）
inflation	– 0.011 （– 0.69）	– 0.002 （– 0.13）	– 0.002 （– 0.15）	0.010 （0.53）
size	0.526 *** （65.42）	0.521 *** （64.53）	0.521 *** （30.00）	0.256 *** （59.29）
age	– 0.318 *** （– 22.25）	– 0.332 *** （– 23.02）	– 0.332 *** （– 12.99）	– 0.228 *** （– 24.42）
profit	0.151 *** （5.62）	0.150 *** （5.59）	0.150 （1.55）	0.354 *** （2.79）
expshare	– 0.515 *** （– 25.38）	– 0.501 *** （– 24.63）	– 0.501 *** （– 19.71）	– 0.191 *** （– 11.94）
manage	– 0.198 *** （– 21.11）	– 0.192 *** （– 20.43）	– 0.192 *** （– 12.91）	– 0.023 ** （– 2.00）
state	0.179 *** （10.27）	0.181 *** （10.41）	0.181 *** （4.12）	– 0.153 *** （– 15.67）
Chi		5.897 *** （7.85）	5.897 *** （5.70）	2.853 *** （3.83）
Chi^2		– 4.445 *** （– 6.33）	– 4.445 *** （– 4.59）	– 4.628 *** （– 4.77）
时间	是	是	是	是
地区	是	是	是	是

变 量	模型 1	模型 2（FE）	模型 3（FE_ robust）	模型 4（IV_ GMM）
Kleibergen – Paap Wald rk LM 统计量				1163. 271 ***
Kleibergen – Paap Wald rk F 统计量				347. 835
Sargan – Hansen 统计量				0. 089
N	23686	23686	23686	23686

注：＊＊＊、＊＊、＊分别代表显著水平为1%、5%、10%，括号内数值为t统计量。

从表6 - 6中可以看出，无论是否考虑了异方差的影响，海外华侨华人网络（Chi）变量的二次项系数均在1%的水平上显著为负，为了保证结果的有效性，我们主要根据考虑了异方差因素的模型3的回归结果进行分析。从模型3可以看出，海外华侨华人网络（Chi）及其二次项系数（Chi^2）均在1%水平上显著。海外华侨华人网络的一次项系数 a_1 为5.897，而二次项系数 a_2 为 -4.445，即 $a_2 < 0$，$-a_1 / (2a_2) = 0.6633$，去心化后的海外华侨华人网络的取值区间为（-0.0697，0.8458），对称轴值0.6633在该区间内，说明海外华侨华人网络与中国企业OFDI逆向技术创新效应存在显著的"倒U形"关系。换言之，当海外华侨华人网络没有达到阈值之前，能增加企业OFDI逆向技术创新效应；而当达到阈值之后，其会抑制企业OFDI逆向技术创新效应的增加，这一实证结果支持了假设1。

6.4.3 稳健性检验

如前所述，本章采用工具变量法（IV）解决内生性问题，选用双边伙伴关系和两国建交时间作为东道国华侨华人网络的工具变量。之所以选取上述两个工具变量，主要基于以下考虑。一是从外生性的角度来看，双边伙伴关系（partner relationship）属于政治因素，受到国家宏观调控的影响比较大；而两国建交时间（jtime）是历史因素，它们显然都是外生的，不会对当前企业OFDI逆向技术创新效应产生影响。二是从与内生变量的关系看，国家之间较高层次的伙伴关系能够为"走出去"企业带来一定

的便利，现有研究也验证了双边伙伴关系对中国企业对外直接投资区位选
择的影响，即较高层次的双边伙伴关系有利于吸引中国企业对该国进行直
接投资（衣长军和徐雪玉，2016）。由于海外华侨华人往往以亲友关系形
成族群网络进而从事跨国商业活动，因此，较高层次的双边伙伴关系能够
增强该东道国的华侨华人网络强度。而历史上两国建交时间越长，则双边
移民存量可能越多，当地的华侨华人网络强度越大。

相对于一般的最小二乘法，GMM 方法可一致估计模型参数值，还可
以使用具有异方差的稳健性标准误（Hall，2005），因此，采用两阶段
GMM 方法进行估计。在进行估计之前，需要对工具变量的合理性进行判
断。（1）首先，不可识别检验。Kleibergen - Paap rk LM 统计量在 1% 水
平上拒绝了"工具变量识别不足"的原假设，即工具变量不存在不可识
别问题。（2）其次，检验是否存在弱工具变量问题。为了考察工具变量
与内生变量的相关性，计算了 Stock 和 Yogo（2005）的最小特征值统计
量。最小特征值统计量（Kleibergen - Paap Wald rk F 统计量）为
347.835，远大于 Stock - Yogo 检验 10% 水平上的临界值 13.43，因此拒绝
工具变量是弱识别的假定，说明工具变量与内生变量具有较强的相关性。
（3）最后，过度识别检验。Sargan - Hansen 过度识别检验的相伴随概率
为 0.7657，因此不能在 10% 的显著水平上拒绝工具变量是过度识别的原
假设，由此可以判断所选取的工具变量是外生的。

表 6 - 6 中的模型 4 报告了使用工具变量法进行的两阶段 GMM 估计结
果。从表 6 - 6 可以看出，在控制内生性问题后，东道国华侨华人网络变
量的一次项和二次项的显著性不变，依然在 1% 水平上显著；其符号分别
为正号和负号，与 OLS 估计结果一致，表明模型 2 和模型 3 的估计结果
具有较强的稳健性。但是，从解释变量的系数大小来看，考虑了模型的内
生性问题后，海外华侨华人网络变量的系数有所变化，即内生性问题导致
了估计结果的强度偏差。图 6 - 2 为两种估计方法下海外华侨华人网络变
量与中国企业 OFDI 逆向技术创新效应变量的关系对比。

从图 6 - 2 可以看出，无论是否考虑解释变量与被解释变量之间的双
向因果关系引起的内生性问题，海外华侨华人网络与中国企业 OFDI 逆向
技术创新效应之间都呈"倒 U 形"关系，假设 1 依然成立，且验证了这

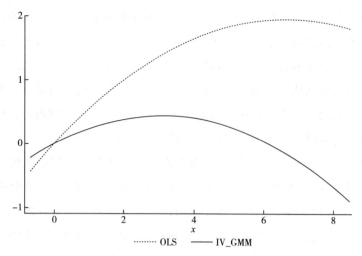

图6-2 两种估计方法下海外华侨华人网络与OFDI
逆向技术创新效应之间关系对比

一结论的稳健性。然而，对比两条曲线的切线斜率不难看出，若不考虑内生性问题，当海外华侨华人网络强度较小时，往往容易高估其对中国企业OFDI逆向技术创新效应的促进作用；而当海外华侨华人网络强度逐渐变大时，则往往容易低估其对中国企业OFDI逆向技术创新效应带来的抑制作用，这显然不利于中国"走出去"企业对东道国华侨华人网络的合理评估与运用。换言之，内生性问题干扰了海外华侨华人网络对中国企业OFDI逆向技术创新效应的影响强度的评估，从而掩盖了海外华侨华人网络与中国企业OFDI逆向技术创新效应之间的真实关系，这可能是以往研究往往忽视或高估海外华侨华人网络对中国企业"走出去"的重要影响的主要原因之一。

6.5 组织学习的调节效应检验

从OFDI逆向技术创新效应的实现过程不难看出，海外子公司对东道国资源的获得以及对母国企业的传递，在该过程中尤为重要。以上实证研究发现，东道国华侨华人网络虽然能够促进海外子公司资源的获得与传递，但是当东道国华侨华人网络达到阈值时，则会因过度嵌入而不利于海

外子公司对东道国资源的获取。而海外子公司作为经营主体，其经营策略
比如在组织学习模式上的决策也会影响企业与东道国企业的关系，组织学
习是企业经营策略的重要组成部分，影响企业对资源的获取与利用。为
此，进一步考察组织学习对海外华侨华人网络与中国 OFDI 逆向技术创新
的调节效应。与上述研究方法相同，首先，采用固定效应 OLS 方法检验
组织学习的调节效应；其次，以双边伙伴关系和两国建交时间为工具变
量，采用二阶段 GMM 方法对内生性问题进行修正，检验估计结果的一致
性与稳健性。

为避免多重共线性问题，先将解释变量进行标准化处理，然后在模型
中分别加入解释变量与调节变量（learn）的交互项，以此来检验调节效
应。调节效应回归结果如表 6 - 7 所示。如果交互项系数显著，则表明组
织学习对海外华侨华人网络与 OFDI 逆向技术创新效应之间的关系有调节
作用；相反，若交互项系数不显著，则表明没有调节作用；而交互项的系
数则表明不同的组织学习模式对解释变量与被解释变量之间关系的影响的
差异。在表 6 - 7 中，模型 1 是采用 OLS 方法对调节效应的估计结果，模
型 2 则是以双边伙伴关系和两国建交时间为工具变量，采用二阶段 GMM
方法对内生性问题进行修正的估计结果。

表 6 - 7　调节效应回归结果

变　　量	模型 1（OLS）	模型 2（IV_ GMM）
Chi	6.502^{***}	5.125^{***}
	（4.37）	（4.40）
Chi^2	-5.086^{***}	-8.234^{***}
	（-5.39）	（-5.23）
learn	0.093	-0.212^{***}
	（1.48）	（-6.58）
Chi × learn	-1.277^{***}	-4.821^{***}
	（-3.37）	（-5.50）
Chi^2 × learn	1.424^{**}	7.790^{***}
	（2.28）	（6.15）
控制变量	是	是

变　　量	模型 1（OLS）	模型 2（IV_GMM）
时间	是	是
地区	是	是
Kleibergen – Paap Wald rk LM 统计量		569.982***
Kleibergen – Paap Wald rk F 统计量		181.347
Sargan – Hansen 统计量		1.632
N	23686	23686

注：①***、**、*分别代表显著水平为1%、5%、10%，括号内数值为 t 统计量。
②限于篇幅，表中未详细列出"控制变量"的估计结果。

从表 6 – 7 的模型 1 可以看出，组织学习变量与海外华侨华人网络变量的二次项的交互项系数（$Chi^2 \times learn$）为 1.424，在 5% 水平上显著，这一结果表明组织学习对海外华侨华人网络与中国企业 OFDI 逆向技术创新效应之间关系具有显著的调节作用，即不同的组织学习模式（探索式组织学习与利用式学习）对海外华侨华人网络与中国企业 OFDI 逆向技术创新效应之间关系的影响存在显著差异。

进一步地，在模型 1 中，华侨华人网络变量的二次项的系数为 – 5.086，在 1% 水平上显著，表明当子公司选择利用式学习模式时，华侨华人网络对 OFDI 逆向技术创新效应的影响系数为 – 5.086；组织学习变量与华侨华人网络变量的二次项的交互项系数为 1.424，在 5% 水平上显著，由此不难得出，当子公司选择探索式学习模式时，华侨华人网络对 OFDI 逆向技术创新效应的影响的系数为 – 3.662（– 5.086 + 1.424）；绝对值 3.662 < 5.086。根据相关知识，二次项系数的绝对值越小，则"倒 U 形"曲线的开口越大。表明与利用式学习相比，探索式学习更能负向调节海外华侨华人网络对中国 OFDI 逆向技术创新的关系。即与利用式学习相比，探索式学习更能够弱化海外华侨华人网络与中国企业 OFDI 逆向技术创新之间的"倒 U 形"型关系，初步验证了假设 2。

对这一结果的一个解释是，探索式学习和利用式学习是两种不同的组织学习模式，对跨国企业产生的影响也有所不同。探索式学习往往涉及新技术的搜寻和不断地引入新知识（Abebe 和 Angriawan，2014），注重对新知识的获取；而利用式学习是对已有知识的一种延伸性学习，注重对现有知识和资源的利用。当东道国华侨华人网络强度较小时，企业在东道国的资源相对薄弱。探索式学习具有一定的风险性，若专注于探索式学习则不利于企业稳定经营，从而不利于知识的吸收与传递。而利用式学习则能够使企业更加注重对现有资源的利用，在稳定经营的基础上寻求更多的发展机会。当东道国华侨华人网络强度过高时，"路径依赖"不利于异质性知识的获取。与探索式学习相比，利用式学习会加重"路径依赖"，从而抑制 OFDI 逆向技术创新效应。当东道国华侨华人网络强度较大，或者达到一定程度后，与利用式学习相比，探索式学习更能够削弱华侨华人网络强度增大带来的不利影响。

如表 6 - 7 所示，在模型 2 中工具变量的有效性均通过检验。从模型 2 的回归结果可以看出，组织学习变量与华侨华人网络变量的二次项的交互项系数为 7.790，符号为正，且在 1% 水平上显著，这一结果表明在控制了内生性问题后，组织学习对海外华侨华人网络与中国企业 OFDI 逆向技术创新效应之间关系仍然具有显著的调节作用，并且其显著性有所增强。同样表明，内生性问题导致了估计结果的强度偏差。进一步分析两种组织学习模式的影响差异，从模型 2 的回归结果可以看出，华侨华人网络变量的二次项的系数为 - 8.234，在 1% 水平上显著；组织学习与华侨华人网络的二次项的交互项系数为 7.790，在 1% 水平上显著。这一结果同样表明，与利用式学习方式相比，探索式学习更能够弱化海外华侨华人网络与中国企业 OFDI 逆向技术创新之间的"倒 U 形"关系，再一次验证了假设 2。由此可以看出，无论采用 OLS 方法还是采用工具变量法，不管内生性是否存在，组织学习对海外华侨华人网络与中国企业 OFDI 逆向技术创新效应之间的调节效应均存在，且结论一致。

为了更为直观地表示出组织学习对海外华侨华人网络与中国企业 OF-DI 逆向技术创新效应的影响以及内生性问题对估计结果的影响，分别绘制 OLS 方法下和工具变量法下的调节效应图，如图 6 - 3 （a）和图 6 - 3 （b）所示。

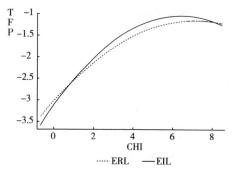

图6-3 (a) OLS 法估计的组织
学习的调节效应

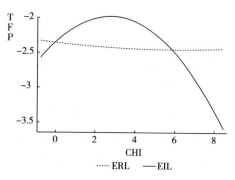

图6-3 (b) 工具变量法估计的组织
学习的调节效应

图6-3 (a) 呈现了采用 OLS 方法估计的组织学习对海外华侨华人网络与中国企业 OFDI 逆向技术创新效应之间关系的影响作用（其中，ERL表示探索式学习模式；EIL 表示利用式学习模式）。如图6-3 (a) 所示，在不同的组织学习模式下，海外华侨华人网络对 OFDI 逆向技术创新效应的影响是不同的。在调节效应图中我们重点关注的是不同模式对"海外华侨华人网络-中国企业 OFDI 逆向技术创新效应"关系的相对影响。对比图6-3 (a)中探索式学习模式下和利用式学习模式下海外华侨华人网络与中国企业 OFDI 逆向技术创新效应的关系曲线的切线斜率，不难看出，当东道国华侨华人网络强度没有达到一定程度（并不特指"倒 U 形"曲线的阈值）之前，利用式学习模式下关系曲线的切线斜率大于探索式学习模式下的切线斜率；而当东道国华侨华人网络强度达到一定程度（并不特指"倒 U 形"曲线的阈值）之后，则情况相反，这表明与利用式学习相比，探索式学习更能够弱化华侨华人网络与 OFDI 逆向技术创新之间的"倒 U 形"关系，从而支持了假设2。具体地，当东道国华侨华人网络达到一定程度之前，与利用式学习模式相比，探索式学习模式可能会抑制华侨华人网络对 OFDI 逆向技术创新效应的正效应；而当东道国华侨华人网络达到一定程度之后，与利用式学习模式相比，探索式学习模式可能会削弱华侨华人网络对 OFDI 逆向技术创新效应的负效应。

图6-3 (b) 呈现了采用工具变量法估计的组织学习对海外华侨华人网络与中国企业 OFDI 逆向技术创新效应之间关系的调节作用，分析方法与图6-3 (a) 的思路一致，重点关注不同模式对"海外华侨华人网络-

中国企业 OFDI 逆向技术创新效应"关系的相对影响。通过对比图 6 - 3
(b) 中两种关系曲线的切线斜率,不难看出,与图 6 - 3 (a)所呈现的趋
势相同,当东道国华侨华人网络强度没有达到一定程度之前,利用式学习
模式下关系曲线的切线斜率大于探索式学习模式下的切线斜率;而当东道
国华侨华人网络强度达到一定程度之后,则情况相反,这同样表明:与利
用式学习相比,探索式学习更能够弱化华侨华人网络与 OFDI 逆向技术创
新之间的"倒 U 形"关系。由此也可以看出,无论是否考虑内生性问题,
组织学习对海外华侨华人网络与中国企业 OFDI 逆向技术创新效应之间的
关系都具有调节作用。然而,通过对比图 6 - 3 (a)和图 6 - 3 (b)不难
看出内生性问题对估计结果的影响。与 OLS 法估计的结果相比,考虑了
内生性问题的工具变量法估计的结果中,组织学习的调节效应更加明显。

　　为了检验组织学习对海外华侨华人网络与 OFDI 逆向技术溢出效
应的稳健性,进一步按照组织学习模式的不同,对样本进行分组回
归,结果如表 6 - 8 所示。

表 6 - 8　组织学习调节效应稳健性检验回归结果

变　量	模型 3 (全样本)	模型 6 (探索式学习)	模型 7 (利用式学习)
Chi	5. 897***	5. 809***	6. 273***
	(3. 98)	(4. 78)	(3. 67)
Chi^2	- 4. 445***	- 3. 819***	- 4. 878***
	(- 4. 53)	(- 3. 94)	(- 4. 43)
控制变量	是	是	是
时间	是	是	是
地区	是	是	是
常数项	- 3. 076***	- 3. 094**	- 2. 675***
	(- 3. 02)	(- 2. 31)	(- 2. 57)
R^2	0. 2902	0. 2972	0. 3034
N	23686	10578	13108
组间系数差异 (Chi^2)		1. 059***	

　　注:①***、**、* 分别代表显著水平为 1%、5%、10%,括号内数值为 t 统计量。
　　②限于篇幅,表中未详细列出"控制变量"的估计结果。
　　③组间系数差异通过自抽样 (Bootstrap) 500 次得到。

从系数显著性和大小来分析，由表 6-8 的回归结果可知，与全样本回归结果相比，分组回归的海外华侨华人网络的二次项系数显著性和符号不变，均在 1% 水平上显著为负。与全样本回归结果相比，其系数有所变化，探索式学习模式下，海外华侨华人网络的二次项系数绝对值减小；利用式学习模式下，海外华侨华人网络的二次项系数绝对值增大，说明与利用式学习相比，探索式学习更加弱化海外华侨华人网络与中国企业 OFDI 逆向技术溢出效应之间的"倒 U 形"关系。

上述结果的分析是基于回归系数显著性和大小上的基本判断。为了证明结论的稳健性和科学性，进一步采用自抽样法（Bootstrap）进行了组间差异检验（Efron，1981）。经由自抽样（Bootstrap）500 次得到的经验 P 值，结果显示，以利用式学习为基准组，海外华侨华人网络的二次项在探索式学习和利用式学习的组间系数差异在 1% 水平上显著为正，证明了探索式学习和利用式学习在调节海外华侨华人网络与中国企业 OFDI 逆向技术溢出效应之间关系上的稳健性。

6.6　进一步研究：动态性检验

本部分进一步考察东道国华侨华人网络对中国企业 OFDI 逆向技术溢出效应的影响的动态性。所采用的方式是将全要素生产率滞后。由于所用数据时间跨度为 9 年，将 2005 年各企业的全要素生产率分别滞后 1~8 年，2006 年各企业的全要素生产率分别滞后 1~7 年，2007 年各企业的全要素生产率分别滞后 1~6 年，2008 年各企业的全要素生产率分别滞后 1~5 年，2009 年各企业的全要素生产率分别滞后 1~4 年，2010 年各企业的全要素生产率分别滞后 1~3 年，2011 年各企业的全要素生产率分别滞后 1~2 年，2012 年各企业的全要素生产率滞后 1 年。以此来考察随着在东道国 OFDI 持续期的延长，东道国华侨华人网络对 OFDI 逆向技术溢出效应的影响的变化。

为了检验华侨华人网络对 OFDI 逆向技术溢出效应影响的时间效应，对海外华侨华人网络与 OFDI 逆向技术溢出效应之间的动态效应进行检验，具体模型如下。

$$tfp_{kj} = \alpha_1 Chi_{i(j-m)} + \alpha_2 \sum Control_{i(j-m)} + \varepsilon_{kj} \qquad (6-3)$$

其中，k 表示企业，i 表示东道国国别，j 表示年份，m 表示滞后阶数。例如，tfp_{kj} 表示第 j 年 k 企业的全要素生产率。ε_{kj} 为随机扰动项。

采用 OLS 方法进行回归，结果如表 6 - 9 所示。

从表 6 - 9 中可以看出，企业对外直接投资当年，即 t = 0 时，解释变量（Chi）的系数为 0.384，在 1% 水平上显著，表明在企业 OFDI 当年，东道国华侨华人网络对 OFDI 逆向技术溢出效应具有促进作用。而企业对外直接投资第五年（t = 4）时，解释变量系数为 - 0.367，显著为负，则表明企业 OFDI 的第五年（t = 4），东道国华侨华人网络对 OFDI 逆向技术溢出效应产生了抑制作用。同理分析以后年份的情况。观察各持续期中解释变量的系数可以看出，企业 OFDI 当年（t = 0）、第二年（t = 1）、第三年（t = 2）时解释变量的系数依次为 0.384、0.521、0.273，且均在 1% 水平上显著；而第四年（t = 3）时，解释变量系数为正，但并不显著；第五年（t = 4）、第六年（t = 5）时，其系数分别为 - 0.367、- 0.614，均在 1% 水平上显著；而从第 7 年（t = 6）开始则变得不再显著。由此可以推断：东道国华侨华人网络对 OFDI 逆向技术溢出效应的影响存在时间效应，即东道国华侨华人网络对中国企业 OFDI 逆向技术溢出效应的影响作用会因企业 OFDI 的时间长短而有所差异。具体表现为，随着 OFDI 持续期的延长，东道国华侨华人网络对 OFDI 逆向技术溢出效应的促进作用逐渐减弱，转而变成抑制作用，即对同一个企业而言，在相同的华侨华人网络强度下，随着该企业在某一国 OFDI 持续期的延长，当地华侨华人网络对企业 OFDI 逆向技术溢出效应的作用将由促进作用逐渐转为抑制作用，呈现"倒 U 形"。

对此，可能的解释是：根据嵌入性理论，企业刚刚进入某一东道国时，对东道国华侨华人网络嵌入性不强，此时东道国华侨华人网络越大越有利于企业克服外来者劣势，从而有利于企业海外经营；而且也有利于子公司对海外知识的吸收，并将其传递回母公司，获得更多的逆向技术溢出。然而，随着在东道国经营时间的延长，企业的外来者劣势逐渐减弱，东道国华侨华人网络所起的正效应也逐渐减弱。同时，随着企业

表 6 – 9　华侨华人网络与 OFDI 逆向技术溢出效应之间的动态效应检验结果

持续期	t = 0	t = 1	t = 2	t = 3	t = 4	t = 5	t = 6	t = 7	t = 8
解释变量（Chi）	0.384***	0.521***	0.273***	0.079	-0.367***	-0.614***	-0.163	0.078	-0.123
	(5.23)	(6.54)	(3.07)	(0.71)	(-2.82)	(-3.70)	(-0.93)	(0.34)	(-0.34)
控制变量	是	是	是	是	是	是	是	是	是
地区	是	是	是	是	是	是	是	是	是
常数项	-7.748***	-0.851**	-2.322***	-2.547***	1.240*	5.831***	1.715**	0.275	-2.051
	(-24.08)	(-2.24)	(-5.16)	(-4.49)	(1.82)	(6.60)	(2.10)	(0.24)	(-1.13)
N	23686	18463	13943	10080	7172	4748	2950	1559	562
R^2	0.2706	0.1766	0.1490	0.1253	0.1372	0.1359	0.2515	0.2878	0.3326

注：①***、**、* 分别代表显著水平为 1%、5%、10%，括号内数值为 t 统计量。表中未详细列出"控制变量"的估计结果。
②限于篇幅，

在该东道国直接投资持续期的增长，企业与当地华侨华人网络的交流日益密切，则可能存在过度嵌入问题，这一方面不利于与东道国其他企业的交流，难以获得新的知识；另一方面东道国华侨华人网络也会给企业造成负担，因而会对 OFDI 逆向技术溢出表现为抑制作用。由此可见，对于处于不同 OFDI 阶段的企业，东道国华侨华人网络可能产生不同的影响。

上述研究验证了海外华侨华人网络对中国企业 OFDI 逆向技术溢出效应的影响作用的动态性，即随着企业在某一东道国 OFDI 持续时间的延长，东道国华侨华人网络对 OFDI 逆向技术溢出效应的正向影响会逐渐减弱，转而削弱 OFDI 逆向技术溢出效应，并且以企业 OFDI 的第四年（持续期 t = 3）为转折点。可见，相同的华侨华人网络强度下，OFDI 持续期不同的企业所获得的逆向技术溢出效应也存在差异。以下试图对这一结论进行再一次验证，并且根据实证结果分析这种差异的内在原因。

以对外直接投资时间是否满 3 年为界限，将对外直接投资时间超过 3 年的企业标记为 1，而对外直接投资时间少于 3 年（包括第 3 年，t = 2）的企业标记为 0。具体操作上，以 2013 年样本为例，由于前文的检验表明海外华侨华人网络对 OFDI 逆向技术溢出效应的影响产生差异的转折点的 OFDI 持续期为 3 年，则先分别截取商务部《境外投资企业（机构）名录》中 2013 年"走出去"的企业名单和 2011 年（不包括 2011 年）之前"走出去"的企业名单，将两者进行匹配，则 2013 年的所有企业中匹配不成功的企业可视为 OFDI 持续期不足 3 年（包括第 3 年）的企业，即可得到 2013 年对外直接投资期限不足 3 年（包括第 3 年）的企业名单，标记为 0；再将其与第 5 章中涉及的样本相匹配，即可标记出 2013 年所有 OFDI 企业中对外直接投资不足 3 年（包括第 3 年）的企业和超过 3 年的企业，其他年份与之处理步骤相似。最终标记出 OFDI 时间不足 3 年（包括第 3 年）的企业 2526 家，OFDI 时间超过 3 年的企业 1443 家。

采用 OLS 固定回归模型，按照对外直接投资时间是否超过 3 年对样本进行分组回归，结果如表 6 - 10 所示。

表 6 - 10　主效应的分组回归结果

变　量	模型 3（全样本）	OFDI 超过 3 年样本	OFDI 不足 3 年样本
Chi	5. 897 ***	6. 134 ***	9. 092 **
	(3. 98)	(3. 91)	(1. 66)
Chi^2	- 4. 445 ***	- 4. 776 ***	- 13. 008 ***
	(- 4. 53)	(- 5. 28)	(- 4. 18)
控制变量	是	是	是
时间	是	是	是
地区	是	是	是
常数项	- 3. 076 ***	- 3. 489 ***	- 2. 011
	(- 3. 02)	(- 4. 10)	(- 0. 45)
R^2	0. 2902	0. 2915	0. 3554
N	23686	19979	3707
组间系数差异（Chi^2）	8. 231 ***		

注：①***、**、*分别代表显著水平为 1%、5%、10%，括号内数值为 t 统计量。

②限于篇幅，表中未详细列出"控制变量"的估计结果。

③组间系数差异通过自抽样（Bootstrap）500 次得到。

从表 6 - 10 中可以看出，无论 OFDI 时间是否满 3 年，解释变量华侨华人网络的二次项的系数均为负，且均在 1% 水平上显著，表明无论企业 OFDI 时间长短，东道国华侨华人网络与中国企业 OFDI 逆向技术溢出效应之间均具有"倒 U 形"关系，假设 2 再一次得到验证。另比较 OFDI 时间超过 3 年和 OFDI 时间不足 3 年（包括第 3 年）的两组样本，回归中东道国华侨华人网络的二次项系数，可见两组系数存在明显差异，再次说明海外华侨华人网络对中国企业 OFDI 逆向技术溢出效应的影响具有动态性，即东道国华侨华人网络与中国企业 OFDI 逆向技术溢出效应之间的关系会随着企业 OFDI 时间推进而有所变化。

经由自抽样（Bootstrap）500 次得到两组的东道国华侨华人网络二次项的组间系数差异的经验 P 值为 0. 000，结果如表 6 - 10 所示，两组的东道国华侨华人网络二次项的组间系数差异在 1% 水平上显著，拒绝了两组之间不存在差异的原假设，表明两组存在明显的差异。具体地，两组的东道国华侨华人网络二次项的组间系数差异值为 8. 231，东道国华侨华人网络对 OFDI 时间不足 3 年（包括第 3 年）的企业的 OFDI 逆向技术溢出效应影响更大，OFDI 持续时间较短的企业的 OFDI 逆向技术溢出效应受到华侨华人网络的影响更大。

　　企业刚刚进入某一东道国时，对当地的社会环境、经济环境等都比较陌生，海外华侨华人网络是企业适应当地环境、与当地建立联系的主要渠道，因而受到东道国华侨华人网络的影响更大。同样地，由于 OFDI 持续期短的企业在当地的社会资本比较薄弱，当企业过度依赖东道国华侨华人网络时，很容易成为其附庸，很难与当地其他企业建立联系。因此，无论是嵌入不足，还是过度嵌入，在某一东道国中，OFDI 持续期短的企业的 OFDI 逆向技术溢出效应受到东道国华侨华人网络的影响更大。

　　为了更为直观地呈现两组样本中东道国华侨华人网络对 OFDI 逆向技术溢出效应的差异，笔者绘制了它们的关系对比图，如图 6 - 4 所示。从斜率上看，OFDI 时间不足 3 年（包括第 3 年）的企业组中"东道国华侨华人网络 - OFDI 逆向技术溢出效应"曲线的斜率的绝对值明显大于 OFDI 时间超过 3 年的企业组中相应曲线的斜率的绝对值，即东道国华侨华人网络对 OFDI 持续期短的企业的 OFDI 逆向技术溢出效应的影响更大。

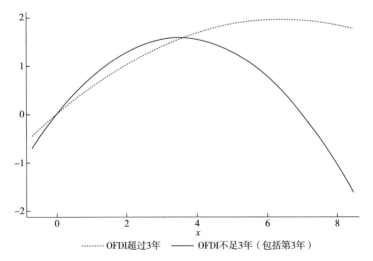

图 6 - 4　不同 OFDI 持续期企业中"华侨华人网络 - OFDI
逆向技术溢出效应"关系对比

6.7　结论与启示

本章结合社会网络理论、网络嵌入理论和组织学习理论，从社会关系网络视角和网络嵌入性视角出发，探究了海外华侨华人网络、海外子公司组织学习对我国企业 OFDI 逆向技术创新的影响作用，并创新性地将双边伙伴关系和两国建交时间作为工具变量，采用工具变量法考察海外华侨华人网络、组织学习与我国企业 OFDI 逆向技术创新效应之间的关系，避免了内生性问题而产生的估计偏差。

本章通过实证研究得出如下结论。（1）海外华侨华人网络与 OFDI 逆向技术创新效应之间存在非线性关系，表现为显著的"倒 U 形"关系。换言之，当东道国华侨华人网络没有达到阈值之前，华侨华人网络能够增强 OFDI 逆向技术创新效应；而当其达到阈值之后，则会抑制 OFDI 逆向技术创新效应。在考虑了内生性问题后这一结论仍然成立，此外，研究还发现，在不考虑内生性问题的情况下，往往容易低估华侨华人网络对中国企业 OFDI 逆向技术创新效应的负向作用。（2）组织学习能够调节海外华侨华人网络与 OFDI 逆向技术创新效应之间关系。与利用式学习模式相比，探索式学习模式更能够负向调节海外华侨华人网络对中国企业 OFDI 逆向技术创新效应的关系，更能弱化海外华侨华人网络对中国企业 OFDI 逆向技术创新效应之间的"倒 U 形"关系。在考虑了内生性问题后，结论依然成立，并且在控制内生性问题的情形下，组织学习的调节作用更加明显。（3）进一步研究表明：海外华侨华人网络与 OFDI 逆向技术溢出效应之间的关系存在动态性，海外华侨华人网络对 OFDI 逆向技术溢出效应的正向影响随着 OFDI 持续期的延长而逐渐转为负向影响；海外华侨华人网络对不同 OFDI 持续期的企业的 OFDI 逆向技术溢出效应的影响存在差异。相比于 OFDI 持续期长的企业，OFDI 持续期短的企业的 OFDI 逆向技术溢出效应受到华侨华人网络的影响更大。

基于上述结论，提出以下政策建议。（1）OFDI 是中国企业提升创新水平的主要渠道之一。政府应该加大对"一带一路"倡议和"走出去"战略推进力度，引导中国企业不断"走下去"和"走上去"。同时，加强与海外华侨华人的交流，扩大和巩固海外华侨华人网络。第一，重视并加强与海外华侨华人交流，维系现有社会关系网络，更加注重构建跨国企业与海外华侨华人网络之间的交流平台；第二，加大推广海外华侨华人社会的华文教育工作的实施力度，加强文化以及民族认同感的纽带作用。（2）海外华侨华人与我国具有天然的联系，在我国企业对外直接投资过程中可发挥重要作用。首先，在投资决策阶段，应该尽量选择华侨华人较多、华人企业影响力比较大的东道国进行直接投资；其次，在海外经营过程中应该积极建立与东道国华侨华人网络之间的联系，充分利用政府提供的交流平台；最后，应该正确处理与东道国企业的关系，应当注意到海外华侨华人网络与 OFDI 逆向技术创新效应存在明显的非线性关系，适度地嵌入海外华侨华人网络，避免"过犹不及"。（3）海外子公司对东道国知识的获取与吸收是母国企业获得 OFDI 逆向技术创新效应过程中的重要环节。海外子公司作为经营主体，必然能够根据经济环境、社会环境乃至政治环境的不同，对企业的经营做出适当的调整。因此，建议母国企业重视与海外子公司的联系，根据与当地华侨华人网络的交流情况，及时调整海外子公司的组织学习模式，提升企业逆向技术创新水平。

第7章 海外华侨华人与中国"走出去"企业合作机制研究

——基于扎根理论的质性研究

本章基于扎根理论的研究范式，深入探究海外华侨华人和中国"走出去"企业的合作机制，归纳制约二者合作的主要因素，以期丰富和补充现有研究成果，同时为促进双方合作共赢提供理论支撑和实践指南。

7.1 问题提出

2013 年，习近平主席提出共建"一带一路"倡议。"一带一路"倡议由亚欧延伸至非洲、南太和拉美等区域，涵盖 40 多亿人口，是中国对外开放过程中的重要组成部分。在"一带一路"倡议推动下，越来越多的中国企业走向海外。2013 ~ 2018 年，中国企业对"一带一路"沿线国家直接投资超过 900 亿美元，完成对外承包工程营业额超过 4000 亿美元，中国企业的对外投资行为越来越受到全世界的关注（吕越等，2019）。截至目前，中国已同 151 个国家、32 个国际组织签署了共建"一带一路"合作文件，各国政治、经济、文化差异巨大，为了防范和化解"走出去"过程中可能遇到的风险和危机，中国企业需要掌握目标国家政治、经济、法律和人文习俗等信息。而遍布世界各地的 6000 多万华侨华人既熟悉住在国政治、经济和市场环境，也对中国有深入了解，可以利用他们的独特资源优势，帮助中国企业更好地"走出去"（窦勇，2016）。同时，中国"走出去"企业也可以为海外华侨华人带来大量资源和机会，帮助他们发展自身经济。理论上，双方合作既符合政治、经济发展要求，也满足彼此利益需求。然而现实是，在海外华侨华人和中国"走出去"企业的实际合作中存在明显的合作对接不足、互信关系缺乏、信息沟通不畅和政策衔接不当等问题（汪群等，2019）。在中国企业"走出去"过程中，海外华侨华人有时候没有起到预期作用（王子昌，2015），海外华侨华人参与建设"一带一路"的独特作用更多还是愿景，要想充分发挥其优势资源，还要克服很多困难和挑战（张秀明，2019）。因此，了解海外华侨华人和中国"走出去"企业的合作机制，发掘限制二者合作效果的因素，对于优化双方合作模式、促进双方合作共赢具有重要理论和现实价值。

目前学界主要以"一带一路"倡议需求为导向，分析华侨华人参与共建"一带一路"倡议的独特优势作用。例如，崔守军和张政（2018）认为，海外侨团作为中国海外安保体系的有机组成部分之一，可以凭借其独特身份和优势在"一带一路"建设中发挥"安全杠杆"作用。梁育填等（2018）利用 2001～2016 年中国企业投资东南亚国家的数据，证明华侨华人在促进中国企业对外投资方面存在较大潜力。张秀明（2019）指出，华侨华人拥有独特历史资源、现实基础和优势资源，是推动"一带一路"建设的重要力量。但是，这些研究绝大多数只从单方面出发，关注海外华侨华人参与"一带一路"倡议所具有的独特优势，探讨如何利用海外华侨华人更好地服务于"一带一路"倡议，而忽略了对海外华侨华人发展需求的关注。也有学者在此基础上从合作机制等方面进行了更为深入的研究。例如，王舜淋和张向前（2018）以海外华侨华人与中国"走出去"企业的合作条件、合作动力为基础，构建了双方合作机制理论模型。但是，这些研究仅关注华侨华人和中国"走出去"企业拥有的资源和优势，却未对可能制约二者合作的因素进行探究。这也导致现有相关研究对于海外华侨华人和中国"走出去"企业合作的探讨更多地停留在对资源优势的分析层面，而忽略了二者的构成是多元复杂的重要事实，导致缺乏对可能抑制双方合作的因素的关注和探讨。因而常常无法解释，具备同样资源优势的海外华侨华人企业和国际竞争力强的中国"走出去"企业合作，有些能够取得巨大成功，而有些却遭遇了巨大失败，以及为什么完全符合合作优势互补且合作意愿强烈的双方，合作却以失败告终这一现象。

总体而言，现有研究大多采用量化研究和描述的方式分析华侨华人参与共建"一带一路"倡议的独特优势，虽然对未来研究有一定参考意义，但是难以保证研究深度，对解释事实背后的真实原因方面仍然存在不足。此外，有关华侨华人和中国"走出去"企业合作机制的研究相对缺乏，深入探究两者合作遭遇困境的实质和背后真正原因的研究更是寥寥无几。基于此，本章围绕"共建'一带一路'倡议下，如何提升海外华侨华人和中国'走出去'企业合作效果"这一主要问题。采用扎根理论的研究范式，深入探究华侨华人和中国"走出去"企业的合作机制，归纳出制约二者合作的主要因素，以期丰富和补充现有研究成果，同时为促进双方合作共赢提供理论支撑和实践指南。

7.2　研究方法与资料来源

扎根理论（Grounded Theory）起源于社会学，已经被应用于社会科学研究的众多领域（贾旭东和衡量，2020），被认为是最科学的定性研究方法论（郝刚等，2018）。1976 年，社会学家格拉泽和施特劳斯（Glaser 和 Strauss，1967）在《扎根理论的发现：质化研究策略》（*The Discovery of Grounded Theory：Strategies for Qualitative Research*）一书中，首次正式提出扎根理论。其中，来自芝加哥大学的施特劳斯由于受到实用主义和互动论思想的影响，认为社会科学研究要注重深入现实世界，在现实情境中找到解决问题的路径，在解决问题的过程中汲取知识，提倡构建与解决现实问题密切相关的中层理论，而不是通过抽象的逻辑推理构建空洞的宏大理论。而格拉泽由于受到拉扎斯菲尔德的影响，将量化研究思想引进入扎根理论，促使扎根理论研究的程序和量化研究方法一样具有可重复性、可追溯性以及可检验性（吴毅等，2016）。总而言之，因为强调从经验数据构建理论，扎根理论的研究能够通过深挖原始材料，拓展研究深度，这能够在相当程度上克服量化研究中不够深入、效度较差的问题。此外，扎根理论拥有和量化研究相媲美的严谨且规范的研究过程，这可以在相当程度上解决质性研究中过程不够规范、信度不高的问题。此后，格拉泽和施特劳斯和他们的合作者发表了许多和扎根理论相关的著作，对扎根理论研究方法进行持续不断的完善，最终使得扎根理论发展为综合的、定量和定性结合的方法论（贾旭东和谭新辉，2010）。扎根理论研究强调理论来源于数据，是一个资料收集和分析同步进行的过程，而且整个过程都在不断地对资料进行比较分析（吴毅等，2016），其目的是从资料中发现理论，保证理论符合实际情况，并且能够提供相关的解释、说明、预测和应用（贾旭东和衡量，2020）。由于拥有严谨性和科学性，扎根理论研究方法被众多学者追捧，并被应用于社会学、教育学、管理学等众多领域。而学科领域之间的差异导致演化出三大不同却又有紧密联系的扎根理论学派：格拉泽和施特劳斯的经典学派；施特劳斯和科宾的程序化学派以及以卡麦兹的建构性学派（吴刚，2013）。三大学派之间一直存在分歧，其分歧主要是由认识论不同造成的，这也导致三大学派在研究程序和过程上不尽相同。虽然三大学派之间存在一定差异，但三大学派都遵循理论源于实践、实践检验理论的认识论原则，这也是所有扎根理论学派的核心思想和共同精神（贾旭东和衡量，2016；吴肃然和李名荟，2020）。

目前，三种扎根理论在中国都得到了应用。至于三种扎根理论哪种是对的或更好一些，目前没有评价标准（事实上也没有对错、优劣之分），使用哪种扎根理论在于研究者在不同的扎根理论中学到了什么，以及如何用扎根理论去解决自己的研究问题（吴刚，2013）。本章采用施特劳斯和科宾（Strauss 和 Corbin，1997）提出的程序化扎根理论。主要原因是程序化扎根理论这种"一步一步的"系统的、严格的而且程序化水平更高的编码过程能够为进行质性研究的新人提供可行的指导（Kenny 和 Fourie，2015）。此外，本章没有使用量化研究，而是采用扎根理论的方法对共建"一带一路"倡议下海外华侨华人与中国"走出去"企业合作效果不佳这一现象进行探究，主要基于以下两个原因。一方面是由于量化研究方法的不适用性。因为量化研究无法通过统计、测量等方法对复杂的社会现象进行研究（吴毅等，2016），而本研究探究的现象处于一个复杂、动态的系统内，涉及海外华侨华人、中国"走出去"企业、华商网络，"一带一路"沿线国家等多个研究主体，同时又面对复杂多变的国际国内环境。此外，目前学术界对此研究现象探究较少，研究现象的内涵、相关变量等都较为缺乏，对该现象的研究尚处于一个探索性阶段。而量化研究的一大局限是它更多被用来查验内涵与外延都已经得到较好解释理论的概念及概念之间的关系（王璐和高鹏，2010）。另一方面是由于扎根理论研究具有适切性。扎根理论研究方法强调理论源于数据，提倡理论构建与日常生活经验问题密切相关，适用于研究各类社会现象及其过程分析（贾旭东和谭新辉，2010）。本章关注的"一带一路"倡议背景下海外华侨华人和中国"走出去"企业的合作是一种社会现象，采用扎根理论可以丰富本研究现象的内涵，有助于深入理解这一社会现象及发生过程。

7.3　研究过程

扎根理论的编码过程是一个自下而上的通过连续比较反思最终生成理论的过程。需要说明的是，由于扎根理论的编码分析具有较强的主观性，研究者在单独分析资料时可能会遗漏关键信息。为了提高研究的客观性与完备性，在开放式编码阶段，研究小组成员首先分别独立对原始资料进行分析，再进行小组讨论和共同商议，得到开放式编码的类属、属性及维度。在主轴编码阶段，研究小组成员集思广益，不断进行类属、属性的比较，当遇到类属、属性间存在争议时再回到资料中继续完善。最后在选择性编码阶段，研究小组成员对确定的不同核心类属、支援类属进行深入比较，找出尽可能完整且重要的核心类属及其支援类属，进而生成理论模型。遵循现有研究的编码范式，编码过程分为开放式编码、主轴编码和选择性编码三个程序（见图7-1）。

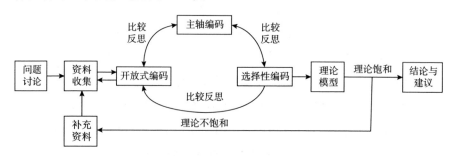

图 7-1　扎根理论编码程序

7.3.1　开放式编码

在开放式编码阶段，研究者首先对关键词句进行微分析，贴标签，标签也称为概念；其次通过对全部标签的归纳整合，将同类概念进行分类化和集群化，形成更为抽象的概念，即类属；最后对类属进行属性和维度分析，目的是丰富和发展类属的内涵，属性表示类属的不同方面，维度则表示属性的程度或类别。本着最大限度地使开放式编码贴近原始资料的原则，研究小组成员首先对原始材料进行独立编码，再比对编码结果，对有异议的地方进行共同讨论，直至达成一致，最终得到"一带一路"的发展机遇、中国"走出去"企业发展需求、海外华侨华人发展需求、海外华侨华人合作禀赋、中国"走出去"企业合作禀赋、海外华侨华人合作期望、中国"走出去"企业合作期望、外部环境因素、合作结果共 9 个类属，具体的编码过程见第 7 章附录。

7.3.2　主轴编码

主轴编码也称为轴心编码，在这一阶段，研究者的主要任务是建立概念之间的各种联系以表现资料中各个部分的有机联系。在轴心编码中，研究者每次只对一个类属进行深度分析，围绕着这一类属寻找相关关系，因此称为"轴心"（陈向明，2000）。在开放式编码的基础上，通过对华侨华人与中国"走出去"企业之间合作项目对接明显不足、合作效果不佳这一现象的分析，进行主轴编码，详细整理出此现象发生的因果条件、情境条件、干预条件、互动/行动策略、结果。

A（现象）：海外华侨华人和中国"走出去"企业合作项目对接明显不足，双方合作效果不佳。

B（因果条件）：导致现象产生的条件，即"一带一路"倡议背景下，海外华侨华人和中国"走出去"企业的合作存在禀赋和期望的不匹配的情况，同时，一些不利的外部环境也限制了双方合作关系的建立。

C（情境条件）：海外华侨华人和中国"走出去"企业合作效果不佳这一现象的类属中影响合作双方采取行动的属性，如：一些中国民营企业家到海外投资，找当地华侨华人合作却最终被骗，导致双方合作信任缺失，合作期望没有得到满足。

D（干预条件）：那些影响华侨华人和中国"走出去"企业合作结果发生的条件。如：中国与华侨华人住在国国家或地区经济政治关系，国际社会对"一带一路"倡议的不实舆论，华侨华人住在国对共建"一带一路"倡议的认同感不高等不确定的外部环境因素。

E（行动/互动策略）：双方采取合作回避、合作中止、合作观望等策略。

F（结果）：合作双方利益受损；合作获得感不强；合作意愿减弱。

根据上述两级编码，提出如下基本假设。（1）海外华侨华人和中国"走出去"企业的发展需求和禀赋分别为双方建立合作关系提供了动力和可能性。（2）在外部环境稳定的情况下，海外华侨华人和中国"走出去"企业之间的合作结果取决于两者合作禀赋和合作期望之间的匹配度。（3）外部影响因素对海外华侨华人和中国"走出去"企业的合作结果起重要作用。

7.3.3　选择性编码

选择性编码是对主轴编码的资料进行更抽象的处理，通过选择一个或多个有较强关联和概括力的核心类属来统领其他支援类属。核心类属具有统领性，能够起到提纲挈领的作用。研究者在这一阶段可以通过撰写故事线的方式，确定核心类属，并将核心类属和其他支援类属进行关联，整合成一个完整的理论框架。

需要说明的是，研究者通过进一步审视开放式编码形成9个类属，在对其进行关联的过程中发现：海外华侨华人与中国"走出去"企业的合作关系的建立，主要是由各自的优势（合作禀赋）以及双方的利益诉求（合作期望）所决定的。因此，研究者抽绎出合作禀赋—合作期望匹配这一类属，而开放式编码阶段生成的海外华侨华人合作禀赋、中国"走出去"企业合作禀赋、海外华侨华人合作期望、中国"走出去"企业合作期望则成为支撑该类属的属性。因此，最初生成的9个类属合并为6个。

通过对合作禀赋—合作期望匹配这一类属的进一步分析，发现海外华侨华人和中国"走出去"企业之间存在四种基本合作关系类型

（见表 7-1）。A、D 两种合作关系类型表示海外华侨华人和中国"走出去"企业禀赋和期望不匹配，属于冲突型。其中类型 A 表示双方禀赋处于较高水平，而合作期望处于较低水平，最终的合作结果可能是双方合作对接不足导致自身优势没有得到充分利用。类型 D 表示双方禀赋处于较低水平，但双方期望处于较高水平，最终的合作结果可能是双方合作诉求难以得到满足。B、C 两种合作关系类型表示合作双方的禀赋和期望匹配。其中类型 B 表示合作双方禀赋和期望都高，最终的合作结果可能是双方充分发挥自身优势，满足彼此的合作诉求，最终实现合作共赢。虽然类型 C 表示合作双方禀赋和期望匹配，但较低的合作期望表明双方的合作意愿并不高，加上双方禀赋处于较低水平，双方的合作更容易受到外在因素的影响，其合作结果具有很大的不确定性，因此只有合作类型 B 属于和谐型。

表 7-1　四种基本合作关系类型

合作禀赋—合作期望关系	合作期望	
合作禀赋	A. 禀赋高、期望低	B. 禀赋高、期望高
	C. 禀赋低、期望低	D. 禀赋低、期望高

在上述编码的基础之上，进一步考察经过整合后形成的 6 个类属，同时对不同类属进行关联和精细化，通过对几个类属间的关系和基本逻辑进行进一步分析，最终形成了本研究的"故事线"：在共建"一带一路"倡议背景下，海外华侨华人和中国"走出去"企业把握发展机遇，积极开展合作，但是当这种合作关系遭遇了双方合作禀赋和合作期望不匹配时，再加上一些西方国家媒体恶意制造国际舆论，歪曲"一带一路"倡议的真实内涵，以及部分海外华侨华人住在国政府和民众对"一带一路"了解不深、认同感不强等外部因素对合作效果产生重要影响，容易出现合作项目对接不足、合作信任缺乏等问题，进而导致二者合作效果不好的情况。面对不同的合作情况，合作双方会采取不同的合作策略，产生不同的合作结果。通过撰写故事线，我们明确了选择性编码理论模型，如图 7-2 所示，左边部分即为核心类属所表达的逻辑关系。

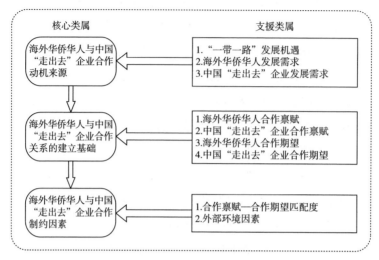

图 7 - 2 　选择性编码理论模型

7.4 　海外华侨华人与中国"走出去"企业合作关系的建立与困境

7.4.1 　海外华侨华人和中国"走出去"企业合作动机分析

海外华侨华人和中国"走出去"企业合作动机来源于三个方面："一带一路"发展机遇、华侨华人发展需求和中国"走出去"企业发展需求。

7.4.1.1 　"一带一路"发展机遇

共建"一带一路"倡议由中国主导提出，受到了越来越多国家的关注，为中国企业"走出去"和华侨华人带来了历史性发展机遇。首先，"一带一路"倡议参与国家达到 150 多个，且各国之间结构互补性强，合作潜力巨大，蕴藏着巨大市场空间，为华侨华人和中国"走出去"企业提供了广阔的发展舞台（徐念沙，2015）。其次，自"一带一路"倡议实施以来，得到了许多国家和地区的赞赏和认可，中国和很多沿线国家已经建立了诸多对话平台和合作机制，中国—东盟"10 + 1"、亚洲合作对话（ACD）、亚太经合组织（APEC）、博鳌亚洲论坛、中国—东盟博览会、中国与印尼产能合作机制等，为中国"走出去"企业和华侨华人提供众多政策和平台支持（宋灵，2018）。最后，随着"一带一路"倡议实施，各国或地区基础设施建设逐步完善，营商环境得到进一步改善，投资便利化和自由化得到大幅提升，各国之间经济文化交流显著加强，投资需求显著增加，中国企业和海外华侨华人获得更多投资机会，同时中国出资 400 亿美元成立丝路基金，以及亚投行的成立为海外华侨华人和中国企业参与"一带一路"建设提供了大量资金支持。

7.4.1.2　海外华侨华人发展需求

海外华侨华人发展需求分为情感需求和经济转型需求两个方面。就情感需求而言，华侨华人虽长期居住在国外，但是受到中国传统家国情怀的影响，他们热爱祖（籍）国，心系故乡，希望为祖（籍）国家乡发展贡献自身力量。早期的华侨华人由于受到住在国政府和民众的打压和排挤，长期处于住在国政治和经济边缘，这进一步加强了他们对祖（籍）国的情感需求。就经济转型需求而言，一些规模较大的华商有较强经济实力，但长期从事的是传统行业，存在行业总体科技水平较低等问题。而随着科技水平发展，高新技术经济兴起，传统行业局限性开始显现。此外，在一些国家或者地区，大量中小型华商企业集中在以劳动密集型产业为主的批发、零售和餐饮业等领域，呈现"行业高度集中，资金高度分散"的不利态势，加上大量本地商人进入华商所在行业，进一步压缩了华商的生存发展空间，其自身生存发展面临巨大问题和挑战，华商经济亟待转型升级（王辉耀和康荣平，2018）。

7.4.1.3　中国"走出去"企业发展需求

一方面，改革开放以来，国内企业依靠巨大市场需求得到了快速发展，然而，正是这种凭借着巨大人口红利和土地资源等靠内需拉动的较为"粗放"的发展模式，使得很多企业忽略了核心技术和品牌的建设。如今我国经济进入"新常态"时期，经济发展方式由高速发展转变为高质量发展，仅仅依靠内需拉动的发展模式开始显得乏力，这要求我国企业开拓海外市场，将过剩优质产能转移出去，为我国经济可持续发展提供新动力。另一方面，随着数字化经济和经济全球化时代来临，企业之间的竞争早已由国内拓展至世界各地，我国企业要想实现自身转型升级，必须提升自身全球竞争力。通过"一带一路"倡议，中国企业可以利用政府提供的政策环境，走出国门学习有益的跨国管理经验、先进技术，引进高端跨国管理和技术人才，弥补自身在品牌、产品、核心技术和跨国管理经验上的不足之处，提升中国企业的国际竞争力（程永明，2015）。

7.4.2　海外华侨华人和中国"走出去"企业合作关系的建立

通过研究发现，就海外华侨华人和中国"走出去"企业自身而言，其合作关系的建立主要取决于海外华侨华人合作禀赋、中国"走出去"企业合作禀赋、海外华侨华人合作期望和中国"走出去"企业合作期望4个方面。

具体而言，"一带一路"背景下，中国企业加快"走出去"步伐，期望抓住历史发展机遇，拓展海外市场，获取国际化人才，最终实现自身经济转型升级。但是中国企业在"走出去"过程中面临较大的地缘政治风险和外来者劣势等问题（谭畅，2015）。中国企业想更快更好地"走出去"，就必须要了解东道国政治法律环境和当地风土人情，而海外华侨华人在这一方面有着独特禀赋。作为侨务资源大国，中国有4000多万华侨华人分布在"一带一路"沿线国家和地区，他们长期居住在国外，精通当地语言，对住在国文化和风土人情理解深刻，有很强的本土化服务能力（李鸿阶和廖萌，2018）。此外，超过70%的华侨华人从事商业经营工作，经过多年打拼，一些华商发展成为住在国经济支柱，对当地经济有重要影响。他们不仅资金雄厚，而且在当地政界和商界积累了大量人脉，能够准确地预测当地经济发展趋势。与此同时，由于历史或所在地区经济形态等种种原因，大量华侨华人长期从事零售业、房地产等传统行业，随着世界范围内高新技术产业发展，传统行业局限性逐渐凸显，危机频现（王辉耀和康荣平，2018），海外华侨华人期望抓住"一带一路"建设机遇，实现自身经济转型升级。而作为中国经济"走出去"的重要载体，中国"走出去"企业在部分领域（如高铁、互联网、基础设施建设等）拥有技术优势，且资金实力雄厚，成本优势明显，可以为海外华侨华人提供其经济转型升级必备的资金和技术支持，帮助华侨华人实现更快更好地发展。

7.4.3　海外华侨华人与中国"走出去"企业的合作困境

"一带一路"倡议背景下，海外华侨华人和中国"走出去"企业各具禀赋，且优劣互补，能够通过合作实现互利共赢，可是现实中，海外华侨华人和中国"走出去"的合作面临合作项目对接不足、双方信任缺乏、信息流通不畅等困境（汪群等，2019）。这种合作困境主要由海外华侨华人和中国"走出去"企业的合作禀赋与期望不匹配和外部环境因素共同造成的。

根据归因理论，产生某一行为结果的因素往往有两类：内部因素和外部因素（Rotter，1966）。海外华侨华人和中国"走出去"企业自身的禀赋和期望主要由二者自身能力和诉求所决定，属于内部因素；而国际经济发展形势、国际舆论等会对两者建立合作关系的难度和合作效果产生重要影响，属于外部因素。在不同的内部因素和外部因素作用下，会产生不同的合作结果（见图 7 - 3）。

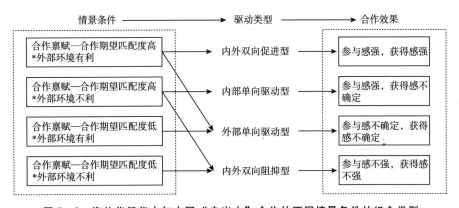

图 7 - 3　海外华侨华人与中国"走出去"合作的不同情景条件的组合类型

类型一：海外华侨华人和中国"走出去"企业合作禀赋—合作期望匹配度高，外部环境有利。由表 7 - 1 可知，双方合作禀赋—合作期望匹配度高可以分为 B、C 两种情况。就情况 B 而言，海外华侨华人和中国"走出去"企业可以利用外部环境（比如政府提供的政策支持和资金支持等）积极参与，充分发挥自身禀赋优势，通过强强联合，满足双方利益诉求，实现合作共赢。同时，有利的外部环境意味着合作双方面临的风险更小，合作成本更低，合作成功的可能性大大提高，合作双方参与感和获得感都较强。就情况 C 而言，较低的合作期望表明双方合作意愿不高，加上双方禀赋处于较低水平，其合作更多地取决于有利的外部环境能否增强合作双方的信心和意愿并帮助弥补双方合作禀赋不足的问题。因此，双方合作结果及参与合作的程度具有很大不确定性。

类型二：海外华侨华人和中国"走出去"企业合作禀赋—合作期望匹配度高，外部环境不利。与类型一类似，类型二也分为 B、C 两种情况。就情况 B 而言，合作结果的成败取决于合作双方能否应对外部环境可能带来的不利影响，这一方面取决于合作双方自身禀赋优势的多少以及双方禀赋优势能否得到充分发挥，另一方面取决于外部环境影响的大小和可抵抗性强弱。因此，面对不利的外部环境，合作禀赋—合作期望匹配度高的合作双方需要建立更多合作信任，使双方禀赋优势得到充分发挥，这会大大提高合作双方参与感。与此同时，由于外部环境具有不稳定性和不可控性，其造成的影响大小也难以确定，这大大增加了合作结果的不确定性，合作双方应做好风险预防工作，充分了解可能遇到的风险以及自身应对能力，避免不利外部环境的影响而使自身遭受巨大损失。这在一定程度上解释了为什么合作禀赋—合作期望匹配度高的合作关系类型在有些国家能够顺利开展合作，在有些国家却遇到了较大阻力；以及为什么面对同样的外部环境，合作禀赋相当的不同合作主体之间的合作有些能够成功，而有些却遭受失败。就情况 C 而言，合作期望低意味着双方对于建立合作关系积极性不高，而合作禀赋较低则导致双方合作诉求都难以得到满足，再加上不利外部环境提高了合作风险和失败的可能性，这会进一步降低双方进行合作的积极性。因此，在内外环境双重阻碍下，最终导致合作双方积极性不高或双方合作难以取得预期效果。

类型三：当海外华侨华人和中国"走出去"企业合作禀赋—合作期望匹配度低，外部环境有利时，合作双方参与感及合作效果的好坏取决于合作双方能否利用有利外部环境，改善合作双方合作禀赋—合作期望匹配度低的现状。由表 7-1 可知，类型三存在合作禀赋低—合作期望高以及合作禀赋高—合作期望低两种情况。就前者而言，双方对建立合作关系有较强意愿，而禀赋较低则意味着双方建立合作关系的难度较大。但同时有利的外部环境（如政策和资金支持的增加）可以在一定程度上弥补双方合作禀赋低的不足之处，从而提高双方合作成功的可能性。就后者而言，双方合作意愿不高，但有利的外部环境（如国家之间良好的经济政治关系）可以有效提高合作双方的信心，为了实现更高的合作诉求，合作双方可能会积极参与合作以充分发挥自身禀赋优势。因此，合作双方的参与感和获得感具有较大不确定性。

类型四：当海外华侨华人和中国"走出去"企业合作禀赋—合作期望匹配度低，外部环境不利时，合作双方很难取得好的合作成果。一方面，当双方合作期望高而合作禀赋低时，双方无法通过自身优势，实现双方利益诉求，而不利的外部环境（如住在国政治不稳定）会增加合作风险和成本，进一步降低合作成功可能性。另一方面，当双方合作期望低而合作禀赋高时，双方积极性不高，因为较低的合作期望使得双方不愿意投入过多禀赋，这不仅使双方禀赋优势得不到有利发挥，合作一方甚至会质疑另一方的合作态度和目的，从而导致双方合作信任感降低。而对于不利外部环境的感知会进一步降低双方合作积极性，损害双方合作信任，最终导致双方难以建立合作关系或合作难以取得理想结果。

7.5　结论与讨论

7.5.1　主要结论

（1）"一带一路"倡议带来的发展机遇和政府提供的优惠政策是海外华侨华人和中国"走出去"企业开展合作的外在吸引力，合作两者自身发展需求是双方开展合作的内在驱动力。而华侨华人与中国"走出去"企业的合作禀赋与合作期望是双方建立合作关系的基础。具体而言，华侨华人人数众多且分布广泛，不同国家或地区的华侨华人经济实力有强有弱，事业有强有弱，社会地位有高有低，是一个庞大又复杂的群体（张伟玉和黄德海，2017）。海外华侨华人拥有的禀赋差异巨大，参与"一带一路"倡议的诉求也不一样，比如有些大规模、实力强的华商希望利用自身资源，帮助中国企业更好更快地"走出去"，为祖（籍）国发展贡献力量，而更多的中小型华商则希望中国"走出去"企业能够分享发展机遇，为他们提供更多资金和技术支持，帮助他们实现自身经济转型。因此，为了激发海外华侨华人合作积极性，需要更多地考虑其利益诉求。此外，中国企业国际化经验有多有少，自身实力有强有弱，中国企业"走出去"与海外华侨华人合作，更多的是希望借助华侨华人独特优势（比如华侨华人本土化服务能力，跨文化沟通能力等），帮助自身开拓海外新业务，实现更好的发展。由此可知，双方的发展需求和"一带一路"倡议带来的机遇为双方合作提供了动力，而自身禀赋和期望为双方建立合作关系提供了可能性，是两者建立合作关系的基础。

（2）海外华侨华人与中国"走出去"企业的合作禀赋—合作期望匹配度低和不利的外部环境共同造成了合作双方参与感不足与获得感不强的困境。一方面，合作双方禀赋—期望不匹配会导致合作双方自身利益诉求得不到满足，或者降低合作双方对彼此的信任，损害合作双方的参与感和获得感，不利于合作关系可持续发展；另一方面，不利的外部环境往往意味着更高的合作风险和成本，使得合作结果具有较强不确定性。因为不利的外部环境自身具有不稳定性和不可控性，其影响可大可小且难以预测，而且会抑制双方禀赋优势的发挥，甚至会严重损害合作双方已有合作成果，带来不可弥补的损失。由此可知，海外华侨华人和中国"走出去"企业合作禀赋—合作期望不匹配和不利的外部环境是双方合作出现困境的主要原因。

7.5.2 理论贡献

第一，现有研究聚焦如何借助共建"一带一路"倡议，利用海外华侨华人独特优势助推中国"走出去"企业实现更好发展，而忽略了海外华侨华人自身诉求（张秀明，2019）。与已有文献不同，本章关注合作双方共同利益，对两者合作关系及利益分配再次进行权衡，从而拓展了共建"一带一路"倡议下海外华侨华人与中国"走出去"企业研究切入视角，丰富了人们对海外华侨华人和中国"走出去"企业合作关系的理论见解。第二，从微观视角探讨海外华侨华人与中国"走出去"企业合作问题，运用扎根理论抽绎影响双方合作效果的因素，并与已有理论对话，探索出海外华侨华人与中国"走出去"企业合作过程与机理：合作动机—合作关系建立基础—合作困境，一定程度上丰富了对海外华侨华人与中国"走出去"企业合作的内涵研究，为研究海外华侨华人与中国"走出去"企业合作关系提供了新思路。第三，解析了海外华侨华人与中国"走出去"企业遭遇合作困境的原因：合作禀赋—合作期望不匹配和外部环境因素的影响。本章基于华侨华人与中国"走出去"企业合作禀赋—合作期望不同组合分析了其合作驱动类型与合作效果，深化了两者合作困境的动态变化过程研究，丰富了学术界对两者遭遇合作困境的认识。

7.5.3　实践启示

经过上述分析，可以看到海外华侨华人与中国"走出去"企业合作面临突出的困境。如何从困境中识别提高合作效果的方式、重塑合作关系对于华侨华人和中国"走出去"企业有重要意义。重塑两者合作关系是一个系统性工作，具有全面性、重要性、针对性的特点。

第一，完善信息沟通与共享机制以提高合作禀赋—合作期望匹配度。华侨华人与中国"走出去"企业合作禀赋—合作期望匹配度是影响双方合作效果的重要内部因素。良好的信息沟通与共享机制可以使华侨华人与中国"走出去"企业对彼此的禀赋有充分认识，有利于双方筛选与自身禀赋匹配的合作对象，从而满足双方合作期望。为此，需借助大数据等新技术建立健全华侨华人信息平台、中国"走出去"企业信息平台、"一带一路"建设平台，并鼓励平台相关主体及时共享、更新信息，最大限度地发挥平台共享机制的作用。

第二，优化外部环境，为合作营造良好氛围。外部环境对华侨华人与中国"走出去"企业合作效果有着重要影响。为了优化外部环境，一方面，要普及"一带一路"倡议理念，这需要引导华商社团代表人物向当地政府、社会、新闻媒体宣传"一带一路"共商共建共享的理念。另一方面，建立健全海外华商协作网基地，以此为连接华侨华人与中国"走出去"企业的中间站，加大对华商协作网带头人在文化协同、经济协同等方面的培训力度，充分发挥华商网络的中介作用。

第三，合作双方需提高风险识别与防范能力。提高风险识别及防范能力对于华侨华人与中国"走出去"企业至关重要，双方必须将风险识别及防范贯穿于合作的各个阶段。具体而言，合作双方应完善风险管理体系，尽量规避因信息不对称遭遇的投资、法律、政治、制度等风险；尽量避免在局势动荡的国家和地区开展合作；遵循经济发展规律，在国际经济形势不好的情形下谨慎投资。另外，通过建立风险防控机制及预警机制，推行多元化经营策略来分散风险。

7.5.4　研究局限及未来展望

本章研究有利于理解华侨华人与中国"走出去"企业遭遇合作困境这一现象，也为改善双方合作关系提供了有益的实践启示，但是仍存在一些不足。第一，由于自身资源局限性，研究者无法通过访谈获取第一手研究资料，因此选取权威媒体的采访与新闻报道作为原始编码材料，虽然报道内容真实可靠，但仍可能存在一定的效度问题，未来研究可以通过访谈获取第一手资料，以进一步提高研究效度。第二，由于研究重点是华侨华人和中国"走出去"企业双方合作出现困境的原因，所以聚焦不同的内外部因素对合作关系的影响，而没有考虑不同条件之下双方合作意愿的强弱，未来可以进一步研究如何提高双方合作意愿。第三，采用扎根理论来研究华侨华人与中国"走出去"企业合作困境这一现象产生的原因，为实证研究提供了理论基础。未来可以考虑加入实证研究，运用混合研究方法，进一步探讨影响两者合作效果的机制和路径。

第 7 章附录　开放式编码示例

原始资料（节选）	贴标签	一级：开放编码（部分）		
		类属	属性	维度
海外侨胞代表施乾平特别指出，"一带一路"建设蕴藏着华侨华人诸多发展机会。"一带一路"是华侨华人借力转型发展的难得机遇 商务部副部长高燕表示，中国与海上丝绸之路沿线国家经济结构互补性很强，经贸互利合作潜力巨大，贸易与投资齐头并进并形成局面正在形成 "一带一路"沿线覆盖 65 个国家和地区，总人口超过 44 亿，拥有巨大市场空间，为中央企业海外发展提供了广阔舞台	诸多领域的发展机会； 难得的转型机遇； 投资贸易大好局面正在形成； 广阔的发展舞台	"一带一路"发展机遇	发展机会 转型机遇 投资贸易局面 市场空间 发展舞台	多—少 难得—易得 好—坏 广阔—狭隘 大—小
中国企业海外投资起步较晚，海外投资经营和国际化经营人才储备不足，风险评估能力和抗风险能力有待进一步提高 中国企业现在面临的是一种信息不对称的状况，文化基础区域不同，商业模式不同，导致不同合作区域产生"我知道的你不知道，你知道的我又不懂"的窘境	国际化人才不足； 海外投资经验不足； 应对风险能力需要提高； 面临"我知道的你不知道，你知道的我又不懂"的窘境	中国"走出去"企业发展需求	国际化人才需求 海外投资经验需求 提高应对风险能力 获取信息 了解东道国文化	急迫—舒缓 急迫—舒缓 风险评估能力：强—弱 风险抵抗能力：强—弱 多—少 深刻—表面

续表

原始资料（节选）	贴标签	一级：开放编码（部分）		
		类属	属性	维度
海外侨胞代表施乞平说："临行前身边的侨胞纷纷对我表示，虽然身居海外，但从没有忘记自己的根基，始终心系祖国。无论在哪里，我们都愿为中国的蓬勃发展贡献自己的一份力量。"	虽身居海外，但心系祖国，想为祖国发展出力	华侨华人发展需求	情感需求	深厚—浅薄
欧洲浙商的资本主要是商业资本，投资领域相对单一，随着商家大量涌入华商所从事的这些行业，他们也在挤压着华商的经营空间	投资领域单一；经营空间被压缩		多领域投资机会	多—少
			拓展经营空间	
中国是侨务资源大国，据不完全统计，目前海外华侨华人已达6000余万，分布在全球198个国家和地区，其中在"一带一路"沿线国家就有约4000万华侨华人。国务院侨办专家咨询会员、福建省社会科学院副院长李鸿阶介绍说，海外华侨华人中，专业人士接近400万人，大部分也分布在"一带一路"沿线国家和地区；而广大的华侨华人群体中，有知识有资金、人才济济。他们有知识有资金，懂管理善经营，尤其是在参与中国"引进来"过程中积累了宝贵的实战经验王挺如认为，华侨华人的优势就在于了解当地的情况和信息，包括法律法规，能让"走出去"的企业少走冤枉路	"一带一路"沿线国家有4000万华侨华人；专业人士接近400万人；有知识有资金；懂管理善经营；了解当地	华侨华人合作赋能	规模优势	大—小
			人才数量	多—少
			资金实力	强—弱
			管理能力	高—低
			本土化服务能力	强—弱

续表

原始资料（节选）	贴标签	一级：开放编码（部分）		
		类属	属性	维度
而民营企业"走出去"呈现两个鲜明特点。一是机制灵活，决策高效，善用人才，能很好地把握国际市场稍纵即逝的商业机会。二是"走出去"通过带动当地就业和增加民众收入、赢得民心，是不可忽视的民间外交力量。随着中国经济规模的进一步扩大，中国企业竞争力的进一步增强，一些行业和企业积累了较为充裕的资金，部分生产技术、工艺水平、管理能力在国际市场上也具备较为明显的比较优势	机制灵活，能把握稍纵即逝的商机；赢得民心；竞争力进一步增强；具备一定的比较优势	中国"走出去"企业合作禀赋	把握机会能力	强—弱
			与当地民众关系	亲密—疏远
			企业竞争力	强—弱
			资金	充裕—匮乏
			技术	领先—落后
			管理水平	高—低
海外侨胞希望在国内企业"走出去"过程中分享发展机会，相互促进共同发展。"作为一名侨领，我希望能发挥海外侨团的作用，为家乡发展做贡献，港澳台侨事务顾同，澳大利亚宁波同乡会会长徐柏聪如是说道。"我们希望国家出台更多利好政策，让海外华商更好地参与进去。"	共享"走出去"企业带来的发展机会；为家乡发展贡献；更好利好政策；更好地参与	华侨华人合作期望	分享发展机会	能—不能
			回报家乡	贡献大—贡献小
			政策支持	数量：多—少　性质：利好—不利
			参与感觉	好—不好

续表

原始资料（节选）	贴标签	一级：开放编码（部分）		
		类属	属性	维度
2013年至今，为响应"一带一路"的号召，国企顾繁地"走出去"，深入"一带一路"建设中来，立足拓展新的海外业务，提升国际化水平和国际竞争力	立足拓展海外新业务；提升国际化水平；提升国际竞争力	中国"走出去"企业合作期望	企业海外业务	多—少
			企业国际化水平	高—低
中非泰达投资股份有限公司企业代表表示，希望借助"一带一路"的政策，与更多有实力的公司一道拓展境外业务，把成功经验与大家分享	共享成功经验		企业国际竞争力	强—减
			分享经验	分享—独享
谢阳军表示，丝路国际产能合作促进中心通过国际产能合作直通车机制，帮助"走出去"企业安全、快捷、便利地实现与海外资源对接。通过和央企成立"一带一路"人才联盟，以国际产能合作需求为导向，有计划成系统地加快国际化人才的培养。通过构建行动型智库，从政策、资金、项目、人才、专业服务五方面助力企业"走出去"	中国政府多方面大力支持中国企业"走出去"；发挥华商网络作用	外部环境因素	中国政府支持	资金：多—少 项目：多—少 政策：多—少 专业服务：专业—业余 规模：大—小
中国社会科学院亚太与全球战略研究院研究员、大国关系研究室主任钟飞腾则提出应挖掘利用华商网络			华商网络	密度：密集—疏松

续表

一级：开放编码（部分）

原始资料（节选）	贴标签	类属	属性	维度
西方国家认为"一带一路"倡议的诞生和发展定会触动它们的利益，总惮自身影响力进一步减弱，于是开始对"一带一路"倡议进行抹黑	西方国家恶意抹黑；	外部环境因素	国际舆论	有利—不利
吕晨先生指出，"一带一路"地区局势多变，不同国家间经济、文化、社会差异显著，存在较大不确定性和风险隐患	沿线国家局势多变，差异显著，影响华侨华人所受待遇；		国家局势	动荡—稳定
华侨华人在海外所受待遇的转变，源于中国的发展和国际地位的提高，以及中国与海外	中国与他国之间的关系影响华侨华人所受待遇；		国家之间的差异	经济差异：大—小；文化差异：大—小；社会差异：大—小
华侨华人住在国政治经济关系的友好长期以来支持自由主义国际秩序的一些发	全球经济一体化受阻		中国国际地位	高—低
达国家开始逐步筑高贸易和投资壁垒，甚至采取加强贸易投资保护等不合时宜的做			国家经济政治关系	友好—敌对
法，导致经济全球化和区域经济一体化进程受阻			国际经济形势	有利—不利
捷克华人青年联合会会长宗伟勇认为，华侨华人对"一带一路"建设的参与感还远远不够，应进一步丰富对接途径	华侨华人参与感远远不够	合作结果	华侨华人参与感	强—弱

续表

原始资料（节选）	贴标签	一级：开放编码（部分）		
		类属	属性	维度
"比如我知道的，中国有些民营业企业，在某个国家开矿，30多家矿业企业找了同一个华人，都被这个华人骗了。他所持有的矿业准证都是真实的，但是因为中国企业对当地不了解，所以都被他骗了。"许利平表示类似案例很多，有一些中国民营企业到当地投资几千万甚至上亿，最终受骗	合作信用缺失；合作结果影响负面	合作结果	双方合作信任	增加—减少
			合作结果影响	正面—负面

第 8 章 结论、政策建议与展望

8.1 主要研究结论

第一，基于上市公司数据和计数模型检验发现，东道国华侨华人网络显著促进了中国企业的 OFDI。海外华侨华人网络是中国企业可以充分利用的重要关系资产，企业也更愿意投资于关系网络丰富的市场。全球华侨华人网络能够弥合国家间差异而起到润滑剂的作用。通过对文化距离和制度距离的调节效应检验发现，在那些与中国文化距离较大的东道国，海外华侨华人网络对中国企业 OFDI 的促进效应更强。异质性检验结果表明，非高科技行业企业、市场化程度和法治水平较低地区企业更依赖于关系网络这一运营模式，因此海外华侨华人网络对其 OFDI 影响更大；虽然国有企业具有资源、政策等制度性优势，但国有企业由于自身国有身份的制度性劣势，更依赖于海外华侨华人网络来克服这一劣势，获取外部合法性，因此海外华侨华人网络对其 OFDI 影响更大；具有政治关联的企业基于自身在获取信息、融资等方面的优势，在海外扩张中对关系网络的依赖程度降低，东道国华侨华人网络对其 OFDI 影响更小。

第二，海外子公司财务绩效是影响"走下去"和"走上去"的重要因素。基于问卷调查数据和 fsQCA 方法对海外华侨华人网络嵌入度与组织学习和多维国家距离如何影响海外子公司财务绩效进行组态分析，发现制度距离、文化距离、知识距离、海外华侨华人网络嵌入度以及双元学习均无法单独构成高/非高水平海外子公司财务绩效的必要条件；与海外华侨华人网络保持良好的结构性嵌入是高绩效的 6 个解决方案中 5 个方案的核心条件，说明其对提升海外子公司绩效有重要作用；当东道国和母国之间文化距离较小、知识距离和制度距离较大时，高绩效的海外子公司往往只和海外华侨华人网络保持某一种嵌入关系，即适度的嵌入更有利于企业取得高绩效。

第三，基于 Cox 生存分析模型的检验结果表明，海外华侨华人网络正向影响海外子公司生存绩效。中介效应检验发现，在海外华侨华人网络丰富的东道国，中国跨国企业海外子公司更倾向于选择绿地投资模式，进而有更高的生存绩效。中国跨国企业能够在海外华侨华人网络的帮助下快速适应东道国，从而获得东道国利益相关者的认同，形成外部合法性，增强企业在东道国的竞争优势和提高生存率。海外子公司还能够通过雇用海外华侨华人劳动力来解决对企业文化的理解不一致问题，从而获取公司的"内部合法性"，增强海外子公司的生存率。在海外华侨华人网络的帮助下，中国跨国企业能够获取当地的信息从而充分了解市场，快速地适应当地的环境，与各方利益共同体保持良好的联系，降低了外部成本，从而在海外投资过程中更可能选择绿地投资模式，进而提高了海外子公司生存绩效。

第四，采用最小二乘法 OLS 和工具变量 GMM 方法对海外华侨华人网络、组织学习与中国企业 OFDI 逆向技术创新效应的关系进行实证检验，发现海外华侨华人网络与 OFDI 逆向技术创新效应之间存在非线性关系，表现为显著的"倒 U 形"关系。换言之，当东道国华侨华人网络没有达到阈值之前，华侨华人网络能够增加 OFDI 逆向技术创新效应，而当其达到阈值之后，则会抑制 OFDI 逆向技术创新效应的增加。在考虑了内生性问题后这一结论仍然成立，组织学习能够调节华侨华人网络与 OFDI 逆向技术创新效应之间关系。与利用式学习模式相比，探索式学习模式更能够负向调节海外华侨华人网络对中国企业 OFDI 逆向技术创新效应的关系，进一步研究发现，东道国华侨华人网络对 OFDI 逆向技术溢出效应的影响存在时间效应，即随着 OFDI 持续期的延长，东道国华侨华人网络对 OFDI 逆向技术溢出效应的促进作用逐渐减弱，转而变成抑制作用。可能的原因是，随着在东道国经营时间的延长，企业的外来者劣势逐渐减弱，东道国华侨华人网络所起的正效应也逐渐减弱。

另外，随着企业在该东道国直接投资持续期的增长，企业与当地华侨华人网络可能存在过度嵌入问题。

最后，基于扎根理论探索海外华侨华人和中国"走出去"企业合作动因以及二者合作效果影响因素，发现发展期望和需求是二者合作关系建立的内在驱动力，"一带一路"带来的发展机遇是二者合作的外在吸引力。华侨华人合作禀赋和合作期望与中国"走出去"企业合作禀赋和合作期望，是双方建立合作关系的基础。合作禀赋—合作期望不匹配和不利的外部环境是导致双方合作面临困境的主要原因。

8.2　提升中国跨国企业海外投资绩效的政策建议

8.2.1　政府层面

第一，将海外华侨华人网络因素纳入海外投资国别（地区）指南建设。2015 年 3 月，我国公布了《推动共建丝绸之路经济带和 21 世纪海上丝绸之路的愿景与行动》，全面阐释了"一带一路"建设的理念与蓝图，同时政府鼓励中国企业加大对"一带一路"沿线国家直接投资；2017 年 10 月，党的十九大报告强调"创新对外投资方式，加快培育国际经济合作和竞争新优势"，这是以习近平同志为核心的党中央适应经济全球化新趋势，准确判断国际形势新变化，深刻把握国情、世情与国内改革发展新要求做出的重大战略部署，为新时代对外投资合作工作指明了方向。如何推动中国开放型经济加快由要素驱动向创新驱动转变，由以成本优势为主向以创新能力为核心的国际竞争新优势转变，已经成为新时代党和政府推进"走出去"战略的重要目标之一。在鼓励企业对外投资的过程中，要以习近平新时代特色社会主义思想为指导，政府不仅是政策制定者，也是 OFDI 信息的分享者。近年来，中国商务部国际贸易经济合作研究院、中国驻外经商机构（如驻外大使馆经济商务参赞处）、商务对外投资和经济合作司等每年都会联合发布《对外投资国别（地区）指南》，系统地报告东道国投资环境（如法律法规、引进外商投资政策；人文、地理、基础设施建设等），将海外华侨华人网络因素纳入海外投资国别（地区）指南建设可以为中国跨国企业系统了解东道国市场提供更为丰富的信息，对提升我国海外子公司生存能力与创新能力有着重要的意义。

第二，加强与海外华商交流，扩大海外华侨华人网络。我国存在大量的海外移民，进行商业活动是大多数移民的主要动机，这些海外移民在我国 OFDI 活动中发挥着极其重要的作用。以往研究发现，海外华侨华人网络在中国企业"走出去"过程中发挥着重要的纽带作用，能够减少贸易摩擦和降低交易成本。根据本书的研究结论，海外华侨华人网络也是中国企业获得 OFDI 逆向技术溢出效应的重要影响因素。海外华侨华人网络不仅能够帮助中国企业缓解对外直接投资过程中的信息不对称问题，从而降低不确定性和交易成本，也能够帮助企业较好地嵌入东道国网络，获取更多的战略资产，从而实现创新能力跃迁。因此，有必要从国家层面上注重发展海外华侨华人网络，为此提出以下几点建议。一是重视并加强与海外华人交流，积极构建企业与海外华侨华人之间的交流平台。在维系好现有联系的同时，发展和建立新的联系。二是注重华文教育，吸引新侨资源。随着时代的发展，老一代海外华侨华人逐渐退出历史舞台，新生代华侨华人逐渐成为经济发展的中坚力量，因此，应当重视新生代华侨华人的引导和培养。重视华文教育的推广和宣传，加强文化以及民族认同感的纽带作用。

第三，加大扶持力度，对企业对外投资进行引导。加快建立对外投资综合信息服务平台，通过华侨华人网络在世界各主要投资地区建立相关机构为中国 OFDI 企业提供专家咨询服务，构建对外直接投资的全球信息服务网络，引导中国企业做出科学的投资决策。

8.2.2　企业层面

第一，海外投资企业主动融入并合理利用华侨华人网络，提升跨国投资绩效。海外华侨华人与我国具有天然的联系，在我国企业对外直接投资过程中具有重要的影响，企业进入东道国往往面临来自社会、文化以及政治上的差异带来的挑战，大大增加了企业在东道国经营的难度。海外华侨华人网络能够削弱外来者劣势，使企业能够更好地适应当地环境。同时，海外华侨华人网络作为一种社会资本有利于海外子公司获得较多的异质性知识，无论从知识的量和性质上都有利于 OFDI 逆向技术溢出效应的提高。海外华侨华人网络是中国"走出去"企业的重要桥梁，也是其在东道国的重要关系资产。中国企业在"走出去"的过程中应充分注重海外华侨华人网络的作用，与当地华侨华人社团和华侨华人企业积极交流，融入当地华侨华人网络，发挥其桥梁作用，促进海外子公司对东道国知识的获取和吸收，进而反馈回母公司。因此，我国 OFDI 企业应该积极建立与东道国华侨华人网络之间的联系。首先，在投资决策阶段，应当选择华侨华人网络较为活跃、影响力较大的东道国；其次，在海外经营过程中应该积极建立与东道国华侨华人网络之间的联系，充分利用政府提供的交流平台。

但是，企业也要注意过度嵌入华侨华人网络可能会使得企业产生路径依赖的问题，反而会损害绩效。因此，要注意把握好度，尽可能避免"过犹不及"的现象发生。研究发现海外华侨华人网络与 OFDI 逆向技术溢出效应之间存在非线性关系，具体表现为"倒 U 形"关系。因此，OFDI 企业在积极融入当地华侨华人网络的同时，还应当注意到海外华侨华人网络与 OFDI 逆向技术溢出效应之间的非线性关系，合理运用当地华侨华人网络。根据研究结论，与 OFDI 持续期长的企业相比，OFDI 持续时间较短的企业的 OFDI 逆向技术溢出效应受到海外华侨华人网络的影响更大。因此，对于刚刚进入某一东道国的企业而言，更应该充分重视与当地华侨华人网络的联系，但是不宜过于紧密。

第二，选择合适的组织学习模式。海外子公司对东道国知识的获取与吸收是母国企业获得 OFDI 逆向技术溢出效应过程中的重要环节。海外子公司通过选择合适的经营策略以及组织学习模式来应对过度嵌入东道国华侨华人网络带来的不利影响。与利用式学习模式相比，探索式学习模式更能弱化海外华侨华人网络与中国企业 OFDI 逆向技术溢出效应之间的"倒 U 形"关系。因此，当东道国华侨华人网络达到一定程度之前，企业不宜盲目开展探索式学习，而应该善于利用现有资源保持与东道国华侨华人网络的联系；当东道国华侨华人网络达到一定程度后，与利用式学习方式相比，探索式学习更能够削弱华侨华人网络对 OFDI 逆向技术溢出效应负向影响。因此，建议企业重视与海外子公司的联系，根据与当地华侨华人网络的交流情况，及时调整组织学习模式，当与当地华侨华人网络联系过于紧密时，应该加强探索式学习。此外，在相同的华侨华人网络密集程度下，当企业在某一东道国直接投资的时间超过 3 年或者更久的时间时，则应该及时调整组织学习模式，采用探索式学习积极建立与当地其他企业的联系。

随着"一带一路"倡议的实施，"一带一路"沿线国家已经成为中国企业热门的投资目的国。"一带一路"沿线国家与我国有着天然的地理优势，相较于其他国家，"一带一路"沿线国家华侨华人人口分布较多，其华侨华人网络强度也较大。因此，投资于"一带一路"沿线国家的 OFDI 企业，不仅应该在"走出去"的过程中注重发挥华侨华人网络的积极作用；更应该在"走出去"之后正确处理与华侨华人网络、东道国企业之间的关系，避免过度嵌入华侨华人网络带来的不利影响。同时，与投资于其他东道国的 OFDI 企业一样，当存在过度嵌入问题时，应该及时调整海外子公司的组织学习模式，转为积极的探索式学习模式以削弱过度嵌入华侨华人网络对 OFDI 逆向技术溢出效应不利影响。

第三，完善中国"走出去"企业与海外华侨华人网络的合作机制。一是完善信息沟通与共享机制以提高合作禀赋—合作期望匹配度。二是优化外部环境，为合作营造良好氛围。三是合作双方需提高风险识别与防范能力。

8.3　不足与展望

本书也存在一定的不足，未来可以从以下几个方面进行研究。

第一，数据方面。海外子公司生存研究需要对海外子公司生存情况进行纵向追踪，上市公司有义务披露海外子公司数据以及相关财务数据。基于数据可得性，本书以选择开展跨国投资的中国上市公司的海外子公司为研究样本。但中国非上市公司在国际市场上的参与度也越来越高，本书研究结论对非上市公司的指导意义还有待考证，未来可以考虑将非上市公司纳入研究范围内，以提高研究结论的普适性。

第二，在变量的测量上，为了检验海外华侨华人网络对中国跨国企业海外子公司生存绩效和创新绩效的影响，本书采用东道国各年中国移民存量占相应各年东道国人口总数的比例近似度量东道国华侨华人网络的联系强度和联系频率。根据以往相关研究虽然具有一定的合理性，但其准确性仍不如利用第一手数据对华侨华人网络强度变量进行测量，这是研究的局限性之一。随着对华侨华人网络研究的深入，以及企业关系的积累，在下一步研究中，可以使用一手数据测量华侨华人网络强度变量，提高研究的严谨性。

第三，当前对组织学习的分类尚未统一，本书将组织学习分为利用式学习和探索式学习并研究其调节作用。随着双元组织学习理论的发展，在下一步的研究中，可以进一步考察双元组织学习的平衡效应和交互效应对中国企业 OFDI 逆向技术溢出效应的影响。

参考文献

［1］ 白洁：《对外直接投资的逆向技术溢出效应——对中国全要素生产率影响的经验检验》，《世界经济研究》2009 年第 8 期。

［2］ 白涛、焦捷、金占明、王文龙：《投资区位、进入模式选择与海外子公司存活率之间的关系——以中国企业对外直接投资为例》，《清华大学学报》（自然科学版）2013 年第 2 期。

［3］ 蔡冬青、周经：《东道国人力资本、研发投入与我国 OFDI 的反向技术溢出》，《世界经济研究》2012 年第 4 期。

［4］ 蔡灵莎、杜晓君、史艳华、齐朝顺：《外来者劣势、组织学习与对外直接投资绩效研究》，《管理科学》2015 年第 4 期。

［5］ 蔡之兵、周俭初：《FDI 技术溢出效应的门限特征研究——来自中国省际面板数据的证据》，《会计与经济研究》2012 年第 6 期。

［6］ 陈菲琼、钟芳芳、陈珧：《中国对外直接投资与技术创新研究》，《浙江大学学报》（人文社会科学版）2013 年第 4 期。

［7］ 崔守军、张政：《海外华侨华人社团与"一带一路"安保体系建构》，《国际安全研究》2018 年第 3 期。

［8］ 陈初昇、刘晓丹、衣长军：《海外华商网络、东道国制度环境对中国 OFDI 的影响——基于"一带一路"研究视角》，《福建师范大学学报》（哲学社会科学版）2017 年第 1 期。

［9］ 陈初昇、王玉敏、衣长军：《海外华侨华人网络、组织学习与企业对外直接投资逆向技术创新效应》，《国际贸易问题》2020 年第 4 期。

［10］ 陈初昇、燕晓娟、衣长军、郭敏敏：《国际化速度、营商环境距离与海外子公司生存》，《世界经济研究》2020 年第 9 期。

［11］陈亮：《地区金融发展对 OFDI 逆向技术溢出效应的影响》，硕士学位论文，厦门大学，2019。

［12］陈浦秋杭、邓晶、陈清华：《对外直接投资是否存在逆向技术溢出效应》，《世界经济与政治论坛》2020 年第 6 期。

［13］陈颂、卢晨：《不同投资方式的 OFDI 逆向技术溢出效应研究》，《国际商务（对外经济贸易大学学报）》2017 年第 6 期。

［14］陈向明：《质的研究方法与社会科学研究》，教育科学出版社，2000。

［15］陈益燊：《网络位置嵌入和关系嵌入对企业创新的作用机制研究》，硕士学位论文，杭州电子科技大学，2016。

［16］陈勇兵、李燕、周世民：《中国企业出口持续时间及其决定因素》，《经济研究》2012 年第 7 期。

［17］程永明：《"一带一路"与中国企业走出去——日本企业海外发展的启示》，《东北亚学刊》2015 年第 4 期。

［18］陈肖英：《信任与海外华商族群网络研究——来自田野的调查与思考》，《华侨华人历史研究》2017 年第 2 期。

［19］戴觅、余淼杰：《企业出口前研发投入、出口及生产率进步——来自中国制造业企业的证据》，《经济学（季刊）》2012 年第 1 期。

［20］窦勇：《发挥华人华侨在"一带一路"中的作用》，《国际经济分析与展望（2015～2016）》，中国国际经济交流中心，2016。

［21］范兆斌、杨俊：《海外移民网络、交易成本与外向型直接投资》，《财贸经济》2015 年第 4 期。

［22］付海燕：《对外直接投资逆向技术溢出效应研究——基于发展中国家和地区的实证检验》，《世界经济研究》2014 年第 9 期。

［23］付永萍、马永：《对外直接投资对战略性新兴企业创新绩效的影响研》，《湖南社会科学》2015 年第 4 期。

［24］郝刚、陈佳莉、贾旭东：《基于经典扎根理论的虚拟企业战略管理过程模型》，《管理评论》2018 年第 6 期。

［25］贺灿飞、郭琪、邹沛思：《基于关系视角的中国对外直接投资区位》，《世界地理研究》2013 年第 4 期。

［26］贺书锋、郭羽诞：《对外直接投资、信息不对称与华商网络》，《山

西财经大学学报》2010 年第 2 期。

[27] 贺晓宇、秦永：《银企关联促进了企业创新吗？——来自科技型上市公司的经验证据》，《华东经济管理》2018 年第 4 期。

[28] 洪永淼：《高级计量经济学》，高等教育出版社，2011。

[29] 霍忻、刘宏：《中国对外直接投资的逆向技术溢出效应》，《首都经济贸易大学学报》2016 年第 2 期。

[30] 贾旭东、衡量：《基于"扎根精神"的中国本土管理理论构建范式初探》，《管理学报》2016 年第 3 期。

[31] 贾旭东、衡量：《扎根理论的"丛林"、过往与进路》，《科研管理》2020 年第 5 期。

[32] 贾旭东、谭新辉：《经典扎根理论及其精神对中国管理研究的现实价值》，《管理学报》2010 年第 5 期。

[33] 金中坤：《国际化经验、东道国环境与企业海外生存绩效》，《技术经济与管理研究》2020 年第 2 期。

[34] 孔群喜、彭丹、王晓颖：《开放型经济下中国 ODI 逆向技术溢出效应的区域差异研究——基于人力资本吸收能力的解释》，《世界经济与政治论坛》2019 年第 4 期。

[35] 寇国梁：《组织学习研究综述》，《经营管理者》2016 年第 8 期。

[36] 李衡：《制度环境与 OFDI 逆向技术溢出效应》，硕士学位论文，江西财经大学，2019。

[37] 李鸿阶、廖萌：《海外华侨华人参与"一带一路"建设研究》，《统一战线学研究》2018 年第 3 期。

[38] 李笑、华桂宏：《中国高科技企业 OFDI 速度对创新绩效的影响——基于总体创新、颠覆式创新和渐进式创新视角》，《南方经济》2020 年第 11 期。

[39] 龙登高：《论海外华商网络》，《学术研究》1998 年第 5 期。

[40] 李梅、柳士昌：《对外直接投资逆向技术溢出的地区差异和门槛效应——基于中国省际面板数据的门槛回归分析》，《管理世界》2012 年第 1 期。

[41] 李凝、胡日东：《文化差异对中国企业 OFDI 区位选择的影响：东道

国华人网络的调节效应》，《华侨大学学报》（哲学社会科学版）2014 年第 3 期。

[42] 梁育填、周政可、刘逸：《东南亚华人华侨网络与中国企业海外投资的区位选择关系研究》，《地理学报》2018 年第 8 期。

[43] 林青、陈湛匀：《中国技术寻求型跨国投资战略：理论与实证研究——基于主要 10 个国家 FDI 反向溢出效应模型的测度》，《财经研究》2008 年第 6 期。

[44] 林勇：《闽籍海外华侨华人网络与福建省出口贸易的实证分析》，《福建论坛》（人文社会科学版）2007 年第 12 期。

[45] 刘明霞：《中国对外直接投资的逆向技术溢出效应——基于技术差距的影响分析》，《中南财经政法大学学报》2010 年第 3 期。

[46] 刘明霞、王学军：《中国对外直接投资的逆向技术溢出效应研究》，《世界经济研究》2009 年第 9 期。

[47] 刘佩鑫、徐琳、万绍宇、孙嘉文：《海外华人文化对中国 OFDI 目的地选择的影响》，《财会研究》2019 年第 7 期。

[48] 刘伟全：《我国对外直接投资国内技术进步效应的实证研究——基于研发费用和专利授权数据的分析》，《当代财经》2010 年第 5 期。

[49] 刘晓丹、衣长军：《中国对外直接投资微观绩效研究——基于 PSM 的实证分析》，《世界经济研究》2017 年第 3 期。

[50] 吕越、陆毅、吴嵩博、王勇：《“一带一路”倡议的对外投资促进效应——基于 2005～2016 年中国企业绿地投资的双重差分检验》，《经济研究》2019 年第 9 期。

[51] 欧阳艳艳：《中国对外直接投资逆向技术溢出的影响因素分析》，《世界经济研究》2010 年第 4 期。

[52] 马鸿佳等：《创业战略态势、国际学习与国际创业绩效的关系研究》，《科学学研究》2015 年第 8 期。

[53] 毛其淋、许家云：《中国企业对外直接投资是否促进了企业创新》，《世界经济》2014 年第 8 期。

[54] 孟青兰：《对外直接投资与国内创新能力的实证分析》，《统计与决策》2017 年第 11 期。

[55] 蒙英华:《华商网络内部信息交流机制研究》,《南洋问题研究》2009年第2期。

[56] 蒙英华、蔡宏波、黄建忠:《移民网络对中国企业出口绩效的影响研究》,《管理世界》2015年第10期。

[57] 倪中新、张杨:《基于Cox比例危险模型的制造业财务困境恢复研究》,《统计与信息论坛》2012年第1期。

[58] 汝毅、吕萍:《绿地投资和跨国并购的绩效动态比较——基于制度理论和组织学习双重视角》,《经济管理》2014年第12期。

[59] 彭红星、毛新述:《政府创新补贴、公司高管背景与研发投入——来自我国高科技行业的经验证据》,《财贸经济》2017年第3期。

[60] 阚大学:《对外直接投资的反向技术溢出效应——基于吸收能力的实证研究》,《商业经济与管理》2010年第6期。

[61] 冉启斌、陈伟宏、张平:《高管过度自信、企业国际化经验与企业海外子公司生存率》,《科学学与科学技术管理》2020年第8期。

[62] 荣枢、杨明晖、曾晶、桂欣蕾:《政府扶持政策促进了中国OFDI逆向技术溢出吗——基于门槛效应分析》,《宏观经济研究》2020年第11期。

[63] 茹玉骢:《技术寻求型对外直接投资及其对母国经济的影响》,《经济评论》2004年第2期。

[64] 沙文兵:《对外直接投资、逆向技术溢出与国内创新能力——基于中国省际面板数据的实证研究》,《世界经济研究》2012年第3期。

[65] 沙文兵:《东道国特征与中国对外直接投资逆向技术溢出——基于跨国面板数据的经验研究》,《世界经济研究》2014年第5期。

[66] 沈琳、彭冬冬:《华人移民网络与中国对外直接投资——基于"一带一路"沿线国家数据的分析》,《当代经济》2021年第2期。

[67] 宋灵:《"21世纪海上丝绸之路"倡议在印尼实施中华侨华人的作用》,《社会主义研究》2018年第5期。

[68] 苏中锋、李嘉:《控制机制对组织学习与企业绩效关系的影响研究》,《研究与发展管理》2012年第2期。

[69] 檀灿灿、殷华方:《国际多元化程度越高越好吗——一项基于海外

子公司生存绩效的研究》，《国际贸易问题》2018 年第 9 期。

［70］谭畅：《"一带一路"战略下中国企业海外投资风险及对策》，《中国流通经济》2015 年第 7 期。

［71］田珺：《不确定性、移民网络和中国企业"走出去"》，《新经济》2020 年第 1 期。

［72］王凤彬、陈建勋、杨阳：《探索式与利用式技术创新及其平衡的效应分析》，《管理世界》2012 年第 3 期。

［73］王凤彬、杨阳：《跨国企业对外直接投资行为的分化与整合——基于上市公司市场价值的实证研究》，《管理世界》2013 年第 3 期。

［74］王疆、陈俊甫：《移民网络、组织间模仿与中国企业对美国直接投资区位选择》，《当代财经》2014 年第 11 期。

［75］王璐、高鹏：《扎根理论及其在管理学研究中的应用问题探讨》，《外国经济与管理》2010 年第 12 期。

［76］王茂军、徐永平：《中国在美洲 OFDI 的基本特征与决定因素》，《地理学报》2017 年第 8 期。

［77］王玮：《融资约束、海外华商网络与企业对外直接投资决策研究》，硕士学位论文，华侨大学，2020。

［78］王夏洁、刘红丽：《基于社会网络理论的知识链分析》，《情报杂志》2007 年第 2 期。

［79］王云飞、杨希燕：《社会网络促进我国对外贸易了吗？——基于移民网络视角的检验》，《世界经济研究》2015 年第 10 期。

［80］王英、刘思峰：《国际技术外溢渠道的实证研究》，《数量经济技术经济研究》2008 年第 4 期。

［81］汪群、张勤、李卉、梁雨欣：《华人华侨与中国"走出去"企业合作模式及其稳定性评价研究》，《产经评论》2019 年第 1 期。

［82］王舜淋、张向前：《"一带一路"背景下华侨华人与中国企业"走出去"合作机制研究》，《华侨华人历史研究》2018 年第 2 期。

［83］王辉耀、康荣平：《世界华商发展报告（2018）》，社会科学文献出版社，2018。

［84］汪占熬、张彬：《社会关系网络与我国对外直接投资嵌入研究》，

《求索》2013 年第 7 期。

[85] 王子昌：《"一带一路"战略与华侨华人的逻辑连接》，《东南亚研究》2015 年第 3 期。

[86] 魏自濡、李子奈：《进入顺序对企业出口持续时间的影响》，《财经研究》2013 年第 8 期。

[87] 吴刚：《工作场所中基于项目行动学习的理论模型研究》，博士学位论文，华东师范大学，2013。

[88] 吴群锋、蒋为：《全球华人网络如何促进中国对外直接投资？》，《财经研究》2015 年第 12 期。

[89] 吴肃然、李名荟：《扎根理论的历史与逻辑》，《社会学研究》2020 年第 2 期。

[90] 吴毅、吴刚、马颂歌：《扎根理论的起源、流派与应用方法述评——基于工作场所学习的案例分析》，《远程教育杂志》2016 年第 3 期。

[91] 肖慧敏、刘辉煌：《中国企业对外直接投资的学习效应研究》，《财经研究》2014 年第 4 期。

[92] 谢千里、罗斯基、张轶凡：《中国工业生产率的增长与收敛》，《经济学（季刊）》2008 年第 3 期。

[93] 谢申祥、王孝松、张宇：《对外直接投资、人力资本与我国技术水平的提升》，《世界经济研究》2009 年第 11 期。

[94] 徐蕾、魏江、石俊娜：《双重社会资本、组织学习与突破式创新关系研究》，《科研管理》2013 年第 5 期。

[95] 徐念沙：《"一带一路"战略下中国企业走出去的思考》，《经济科学》2015 年第 3 期。

[96] 许诺：《组织学习与企业绩效：制度质量的调节作用》，博士学位论文，吉林大学，2013。

[97] 阎大颖：《国际经验、文化距离与中国企业海外并购的经营绩效》，《经济评论》2009 年第 1 期。

[98] 阎大颖：《制度距离、国际经验与中国企业海外并购的成败问题研究》，《南开经济研究》2011 年第 5 期。

[99] 阎大颖、孙黎、谢盈莹：《海外华人网络如何影响中国引进外商直

接投资：一个经验研究》，《南开经济研究》2013 年第 2 期。

[100] 杨希燕、唐朱昌：《移民网络促进 FDI 流入——基于中国经验的分析》，《世界经济研究》2011 年第 5 期。

[101] 杨亚平、高玥：《"一带一路"沿线国家的投资选址——制度距离与海外华人网络的视角》，《经济学动态》2017 年第 4 期。

[102] 叶娇、赵云鹏：《对外直接投资与逆向技术溢出——基于企业微观特征的分析》，《国际贸易问题》2016 年第 1 期。

[103] 衣长军、李赛、陈初昇：《海外华人网络是否有助于 OFDI 逆向技术溢出？》，《世界经济研究》2017 年第 7 期。

[104] 衣长军、刘晓丹、陈初昇：《海外华商网络、多维距离对我国企业 OFDI 区位选择的影响研究》，《国际商务（对外经济贸易大学学报）》2016 年第 6 期。

[105] 衣长军、徐雪玉：《海外华人网络、双边伙伴关系与中国 OFDI 空间格局》，《华侨大学学报》（哲学社会科学版）2016 年第 3 期。

[106] 衣长军、徐雪玉、刘晓丹：《制度距离对 OFDI 企业创新绩效影响研究：基于组织学习的调节效应》，《世界经济研究》2018 年第 5 期。

[107] 衣长军、赵晓阳、余杰：《心理距离与中国企业 OFDI——基于高管海外背景和华人移民网络的调节视角》，《社会科学战线》2021 第 7 期。

[108] 易敏芳：《产品扩散策略对企业绩效的影响》，硕士学位论文，湖南大学，2015。

[109] 余淼杰：《加工贸易、企业生产率和关税减免——来自中国产品面的证据》，《经济学（季刊）》2011 年第 4 期。

[110] 袁海东、朱敏：《海外华人网络对中国对外投资的影响研究——基于东道国异质性的视角》，《国际商务（对外经济贸易大学学报）》2017 年第 5 期。

[111] 曾萍、蓝海林：《组织学习对绩效的影响：中介变量作用研究综述》，《研究与发展管理》2011 年第 1 期。

[112] 张吉鹏、衣长军：《华侨华人网络对中国跨国企业海外子公司生存

绩效的影响：以"一带一路"沿线国家为例》，《上海经济》2020
年第 3 期。

[113] 张吉鹏、衣长军、黄健：《多维距离与中国企业对"一带一路"沿
线国家直接投资绩效关系研究》，《亚太经济》2020 年第 3 期。

[114] 张建红：《投资国特征及其对华投资强度的研究》，《世界经济》
2004 年第 1 期。

[115] 张伟玉、黄德海：《"一带一路"视域下侨务工作的转型路径、合
作机制与模式创新》，《东南亚研究》2017 年第 4 期。

[116] 张秀明：《华侨华人参与"一带一路"建设的优势与路径》，《中
央社会主义学院学报》2019 年第 4 期。

[117] 张宇：《FDI 技术外溢的地区差异与吸收能力的门限特征——基于
中国省际面板数据的门限回归分析》，《数量经济技术经济研究》
2008 年第 1 期。

[118] 曾瑞设：《新兴经济体对外直接投资对母国技术追赶的影响》，硕
士学位论文，浙江大学，2014。

[119] 赵伟、古广东、何元庆：《外向 FDI 与中国技术进步：机理分析与
尝试性实证》，《管理世界》2006 年第 7 期。

[120] 赵永亮、刘德学：《海外社会网络与中国进出口贸易》，《世界经济
研究》2009 年第 3 期。

[121] 周欢怀：《社会网络、路径依赖与产业集群的形成——以海外华人
产业集群为例》，《生产力研究》2016 年第 7 期。

[122] 周经、黄凯：《市场分割是否影响了 OFDI 逆向技术溢出的创新效
应？》，《现代经济探讨》2020 年第 6 期。

[123] 周乐意、殷群：《OFDI 对地区创新绩效的影响研究——基于江苏
数据的实证分析》，《江苏社会科学》2016 年第 4 期。

[124] 周聿峨、罗俊翀：《我国企业投资东盟与海外华商网络的利用》，
《广西社会科学》2008 年第 4 期。

[125] 周政可、梁育填、周克杨：《基于关系视角的中国对外直接投资研
究进展与展望》，《热带地理》2019 年第 6 期。

[126] 朱朝晖、陈劲：《探索性学习和挖掘性学习：对立或协同？》，《科

学学研究》2008 年第 5 期。

[127] 庄国土:《世界华侨华人数量和分布的历史变化》,《世界历史》2011 年第 5 期。

[128] 郑建贞、刘秀玲:《中国企业 OFDI 持续时间的生存分析》,《国际商务（对外经济贸易大学学报）》2014 年第 10 期。

[129] 邹玉娟、陈漓高:《我国对外直接投资与技术提升的实证研究》,《世界经济研究》2008 年第 5 期。

[130] 朱丽、殷华方:《经验学习视角下提升海外子公司跨国投资绩效的实证研究》,《巢湖学院学报》2020 年第 2 期。

[131] Abebe M A., Angriawan A., "Organizational and Competitive Influences of Exploration and Exploitation Activities in Small Firms", *Journal of Business Research* 67(3), 2014.

[132] Achcaoucaou F., Miravitlles P., León – Darder F., "Knowledge Sharing and Subsidiary R&D Mandate Development: A Matter of Dual Embeddedness", *International Business Review* 23(1), 2014.

[133] Andersson U., Forsgren M., Holm U., "The Strategic Impact of External Networks: Subsidiary Performance and Competence Development in the Multinational Corporation", *Strategic Management Journal* 23(11), 2002.

[134] Ang S H., Benischke M H., Doh J P., "The Interactions of Institutions on Foreign Market Entry Mode", *Strategic Management Journal* 36 (10), 2015.

[135] Argyris C., Schön D A., "Organizational Learning: A Theory of Action Perspective", *Reis*, 1997.

[136] Arslan A., Dikova D., "Influences of Institutional Distance and MNEs' Host Country Experience on the Ownership Strategy in Cross – Border M&As in Emerging Economies", *Journal of Transnational Management* 20 (4), 2015.

[137] Atuahene – Gima K., Murray J Y., "Exploratory and Exploitative Learning in New Product Development: A Social Capital Perspective on New Technology Ventures in China", *Journal of International Marketing* 15

(2), 2007.

[138] Baghdadi L. , Cheptea A. , "Migrant Associations, Trade and FDI", *Annals of Economics and Statistics* 98(1), 2010.

[139] Barkema H G. , Bell J H J. , Pennings J M. , "Foreign Entry, Cultural Barriers, and Learning", *Strategic Management Journal* 17(2), 1996.

[140] Benito G. , Gripsrud G. , "The Expansion of Foreign Direct Investments: Discrete Rational Location Choices or a Cultural Learning Process?", *Journal of International Business Studies* 23(3), 1992.

[141] Berry H. , Guillén M F. , Zhou N. , "An Institutional Approach to Cross – National Distance", *Journal of International Business Studies* 41(9), 2010.

[142] Bitzer J. , Kerekes M. , "Does Foreign Direct Investment Transfer Technology Across Borders? New Evidence", *Economics Letters* 100(3), 2008.

[143] Borensztein E. , Gregorio J D. , Lee J W. , "How Does Foreign Direct Investment Affect Economic Growth?", *Journal of International Economics* 45(1), 1998.

[144] Bourdieu P. , *The Forms of Capital*, Blackwell Publishers Ltd, 1986.

[145] Brauer M. , "What Have We Acquired and What Should We Acquire in Divestiture Research? A Review and Research Agenda", *Journal of Management* 32(6), 2006.

[146] Brouthers K D. , Brouthers L E. , Werner S. , "Real Options, International Entry Mode Choice and Performance", *Journal of Management Studies* 45(5), 2008.

[147] Buckley P J. , Yu P. , Liu Q. , et al. , "The Institutional Influence on the Location Strategies of Multinational Enterprises From Emerging Economies: Evidence From China's Cross – Border Mergers and Acquisition", *Management and Organization Review* 12(3), 2016.

[148] Burt R S. , *Structural Holes: The Social Structure of Competition*, Cambridge: Harvard University Press, 1992.

[149] Castellani D. , Mariotti I. , Piscitello L. , "The Impact of Outward Investments On Parent Company's Employment and Skill Composition: Evi-

dence From the Italian Case", *Structural Change & Economic Dynamics* 19 (1), 2008.

[150] Cezar, Escobar O R. , "Institutional Distance and Foreign Direct Investment", *Review of World Economics* 151(4), 2015.

[151] Chang Y Y. , Gong Y. , Peng M W. , "Expatriate Knowledge Transfer, Subsidiary Absorptive Capacity, and Subsidiary Performance", *Academy of Management Journal* 55(4), 2012.

[152] Chen L, Li Y, Fan D. , "How Do Emerging Multinationals Configure Political Connections Across Institutional Contexts?", *Global Strategy Journal* 8(3), 2018.

[153] Chung H F L. , Tung R L. , "Immigrant Social Networks and Foreign Entry: Australia and New Zealand Firms in The European Union and Greater China", *International Business Review* 22(1), 2013.

[154] Clark K. , Ramachandran I. , "Subsidiary Entrepreneurship And Entrepreneurial Opportunity: An Institutional Perspective", *Journal of International Management* 25(1), 2019.

[155] Cohen W M. , Levinthal D A. , "Adsorptive Capacity: A New Perspective on Learning", *Administrative Science Quarterly* 35(1), 1990.

[156] Coudounaris D N. , "A Meta – Analysis on Subsidiary Exit", In *Creating Marketing Magic and Innovative Future Marketing Trends*, Springer, Cham, 2017.

[157] Crilly D. , "Predicting Stakeholder Orientation in the Multinational Enterprise: A Mid – Range Theory", *Journal of International Business Studies* 42(5), 2011.

[158] Cuervo – Cazurra A. , Genc M E. , "Obligating, Pressuring, And Supporting Dimensions Of the Environment And the Non – Market Advantages of Developing – Country Multinational Companies", *Journal of Management Studies* 48(2), 2011.

[159] Cui A S. , Griffith D A. , Cavusgil S T, et al. , "The Influence of Market and Cultural Environmental Factors on Technology Transfer Between

Foreign Mncs and Local Subsidiaries: A Croatian Illustration", *Journal of World Business* 41(2), 2006.

[160] Delios A., Beamish P W., "Survival and Profitability: The Roles Of Experience and Intangible Assets in Foreign Subsidiary Performance", *Academy of Management Journal* 44(5), 2001.

[161] Demirbag M., Apaydin M., Tatoglu E., "Survival of Japanese Subsidiaries in The Middle East and North Africa", *Journal of World Business* 46 (4), 2011.

[162] Dhanaraj C., Beamish P W., "Effect of Equity Ownership on the Survival of International Joint Ventures", *Strategic Management Journal* 25(3), 2004.

[163] Dow D., Karunaratna A., "Developing a Multidimensional Instrument to Measure Psychic Distance Stimuli", *Journal of International Business Studies* 37(5), 2006.

[164] Drori I., Honig B., "A Process Model of Internal and External Legitimacy", *Organization Studies* 34(3), 2013.

[165] Duncan R B., "The Ambidextrous Organization: Designing Dual Structures for Innovation", *Management of Organization Design* 1(1), 1976.

[166] Dunning J H., "The Eclectic Paradigm as an Envelope for Economic and Business Theories of MNE Activity", *International Business Review* 9 (2), 2000.

[167] Dunning J H., "Perspectives on International Business Research: a Professional Autobiography Fifty Years Researching and Teaching International Business", *Journal of International Business Studies* 33(4), 2002.

[168] Efron B., "Nonparametric Estimates of Standard Error: The Jackknife, The Bootstrap And Other Method", *Biometrika* 68(3), 1981.

[169] Erdener C., Shapiro D M., "The Internationalization of Chinese Family Enterprises and Dunning's Eclectic MNE Paradigm", *Management and Organization Rreview* 1(3), 2005.

[170] Fang Y., Wade M., Delios A, et al., "An Exploration of Multinational

Enterprise Knowledge Resources and Foreign Subsidiary Performance", *Journal of World Business* 48(1), 2013.

[171] Feenstra R C., Li Z., Yu M., "Exports and Credit Constraints Under Incomplete Information: Theory And Evidence from China", *Review of Economics and Statistics* 96(4), 2014.

[172] Ferragina A., Pittiglio R., Reganati F., "Multinational Status and Firm Exit in The Italian Manufacturing and Service Sectors", *Structural Change & Economic Dynamics* 23(4), 2012.

[173] Fiss P C., "Building Better Causal Theories: A Fuzzy Set Approach to Typologies in Organization Research", *Academy of Management Journal* 54(2), 2011.

[174] Flores R G., Aguilera R V., "Globalization and Location Choice: an Analysis of US Multinational Firms in 1980 and 2000", *Journal of International Business Studies* 38(7), 2007.

[175] Fornell C., Larcker D F., "Structural Equation Models With Unobservable Variables and Measurement Error: Algebra and Statistics", *Journal of Marketing Research* 18(3), 1981.

[176] Fosfuri A., Motta M., "Multinationals Without Advantages", *Scandinavian Journal of Economics* 101(4), 1999.

[177] Gao T., "Ethnic Chinese Networks and International Investment: Evidence from Inward FDI in China", *Journal of Asian Economics* 14(4), 2003.

[178] Gatignon H., Anderson E., "The Multinational Corporation's Degree of Control Over Foreign Subsidiaries: an Empirical Test of a Transaction Cost Explanation", *Journal of Law Economics & Organization* 4(2), 1988.

[179] Gaur A S., Lu J W., "Ownership Strategies and Survival of Foreign Subsidiaries: Impacts of Institutional Distance and Experience", *Journal of Management* 33(1), 2007.

[180] Gaur A S., Pattnaik C., Singh D., et al., "Internalization Advantage and Subsidiary Performance: the Role of Business Group Affiliation and Host Country Characteristics", *Journal of International Business Studies* 50

(8), 2019.

[181] Geringer, J. M. & Hebert, L., "Control and Performance of International Joint Ventures", *Journal of International Business Studies* 20(1), 1989.

[182] Glaser B. G. and Strauss A. L., *The Discovery of Grounded Theory: Strategies For Qualitative Research*, Aldine de Gruyter, 1967.

[183] Globerman S., Shapiro D., "Governance Infrastructure and US Foreign Direct Investment", *Journal of International Business Studies* 34(1), 2003.

[184] Gomes – Casseres B., "Firm Ownership Preferences and Host Government Restrictions: an Integrated Approach", *Journal of International Business Studies* 21(1), 1990.

[185] Gorg H., Greenaway D., "Much Ado About Nothing? Do Domestic Firms Really Benefit from Foreign Direct Investment?", *World Bank Research Observer* 19(2), 2004.

[186] Gould D M., "Immigrant Links to the Home Country: Empirical Implications for US Bilateral Trade Flows", *The Review of Economics and Statistics* 76(2), 1994.

[187] Granovetter M S., "The Strength of Weak Ties", *American Journal of Sociology* 78(6), 1973.

[188] Granovetter M., "Economic Action and Social Structure: The Problem of Embeddedness", *American Journal of Sociology* 91(3), 1985.

[189] Greif A., "Contract Enforceability and Economic Institutions in Early Trade: The Maghribi Traders' Coalition", *The American Economic Review* 83(3), 1993.

[190] Grobman G M., "Complexity Theory: A New Way to Look at Organizational Change", *Public Administration Quarterly* 29(3), 2005.

[191] Gupta A K., Smith K G., Shalley C E., "The Interplay between Exploration and Exploitation", *Academy of Management Journal* 49(4), 2006.

[192] Hagedoorn J., "Understanding the Cross – Level Embeddedness of Interfirm Partnership Formation", *Academy of Management Review* 31 (3), 2006.

[193] Hansson P. , "Skill Upgrading and Production Transfer within Swedish Multinationals", *Scandinavian Journal of Economics* 107(4) , 2005.

[194] Hall A R. , *Generalized Method of Moments*, Oxford University Press, 2005.

[195] He Z L. , Wong P K. , "Exploration Vs. Exploitation: An Empirical Test of the Ambidexterity Hypothesis", *Organization Science* 15(4) , 2004.

[196] Hennart J F. , "The Transaction Costs Theory of Joint Ventures: An Empirical Study of Japanese Subsidiaries in the United State", *Management Science* 37(4) , 1991.

[197] Hennart J F. , Park Y R. , "Greenfield Vs. Acquisition: The Strategy Of Japanese Investors in the United States", *Management science* 39(9) , 1993.

[198] Hernandez E. , "Finding a Home Away from Home: Effects of Immigrants on Firms' Foreign Location Choice and Performance", *Administrative Science Quarterly* 59(1) , 2014.

[199] Hess M. , "'Spatial' Relationships? Towards a Reconceptualization of Embeddedness", *Progress in Human Geography* 28(2) , 2003.

[200] Hitt M A. , Dacin M T. , Levitas E. , et al. , "Partner Selection in Emerging and Developed Market Contexts: Resource – Based and Organizational Learning Perspectives", *Academy of Management journal* 43(3) , 2000.

[201] Hollender L. , Zapkau F B. , Schwens C. , "SME Foreign Market Entry Mode Choice and Foreign Venture Performance: The Moderating Effect of International Experience and Product Adaptation", *International Business Review* 26(2) , 2017.

[202] Hsu Z C C. , "Social Ties and Foreign Market Entry: An Empirical Inquiry", *Management International Review* 47(6) , 2007.

[203] Jean R J B. , Tan D. , Sinkovics R R. , "Ethnic Ties, Location Choice, and Firm Performance in Foreign Direct Investment: A Study of Taiwanese Business Groups FDI in China", *International Business Review* 20(6) , 2011.

[204] Javorcik B S. , Özden Ç. , Spatareanu M. , et al. , "Migrant Networks and Foreign Direct Investment", *Journal of Development Economics* 94(2) , 2011.

［205］Jenkins S P. , "Easy Estimation Methods for Discrete – Time Duration Models", *Oxford Bulletin of Economics and Statistics* 57(1) , 1995.

［206］Jian L. , Strange R. , Ning L. , Sutherland D. , "Outward Foreign Direct Investment and Domestic Innovation Performance: Evidence from China", *International Business Review* 25(5) , 2016.

［207］Iriyama A. , Li Y. , Madhavan R. , "Spiky Globalization of Venture Capital Investments: The Influence of Prior Human Networks", *Strategic Entrepreneurship Journal* 4(2) , 2010.

［208］Kang J. , Lee J Y. , Ghauri P N. , "The Interplay of Mahalanobis Distance and Firm Capabilities on MNC Subsidiary Exits from Host Countries", *Management International Review* 57(3) , 2017.

［209］Kelley D. , Coner J K. , Lyles M A. , "Chinese Foreign Direct Investment in the United States: Location Choice Determinants and Strategic Implications for the State of Indiana", *Business Horizons* 56(4) , 2013.

［210］Kenny M. , Fourie R. , "Contrasting Classic, Straussian, and Constructivist Grounded Theory: Methodological and Philosophical Conflicts", *The Qualitative Report* 20(8) , 2015.

［211］Khedhaouria A. , Thurik R. , "Configurational Conditions of National Innovation Capability: A Fuzzy Set Analysis Approach", *Technological Forecasting and Social Change* 120, 2017.

［212］Kim Y C. , Lu J W. , Rhee M. , "Learning from Age Difference: Interorganizational Learning and Survival in Japanese Foreign Subsidiaries", *Journal of International Business Studies* 43(8) , 2012.

［213］Kogut B. , Singh H. , "The Effect of National Culture on the Choice of Entry Mode", *Journal of International Business Studies* 19(3) , 1988.

［214］Kostova T. , *Success of the Transnational Transfer of Organizational Practices within Multinational Companies*, University of Minnesota, 1996.

［215］Kogut B. , Chang S J. , "Technological Capabilities and Japanese Foreign Direct Investment in the United States", *Review of Economics & Statistics* 73(3) , 1991.

[216] Leung K. , Bhagat R S. , Buchan N R. , et al. , "Culture and International Business: Recent Advances and their Implications for Future Research", *Journal of International Business Studies* 36(4) , 2005.

[217] Levinthal D A. , March J G. , "The Myopia of Learning", *Strategic Management Journal* 14(S2) , 1993.

[218] Lewin, R. , *Complexity Life at the Edge of Chaos by Roger Lewin*, New York: Macmillan Publishing Company, 1999.

[219] Li J. , "Foreign Entry and Survival: Effects of Strategic Choices on Performance in International Markets", *Strategic Management Journal* 16(5) , 1995.

[220] Li C. , Brodbeck F C. , Shenkar O. , et al. , "Embracing the Foreign: Cultural Attractiveness and International Strategy", *Strategic Management Journal* 38(4) , 2017.

[221] Li X. , Zhou Y M. , "Offshoring Pollution while Offshoring Production?", *Strategic Management Journal* 38(11) , 2017.

[222] Liang Y. , Zhou Z. , Liu Y. , "Location Choices of Chinese Enterprises on Southeast Asia: The Role of Overseas Chinese Networks", *Journal of Geographical Sciences* 29(8) , 2019.

[223] Lichtenberg F. , "Does Foreign Direct Investment Transfer Technology Across Borders?", *Review of Economics & Statistics* 83(3) , 2001.

[224] Lin T M. , Chen Y L. , "The Relationship of the Theory of the Managerial Philosophy of Peace Culture and Business Performance in MNEs", *International Journal of Innovation and Learning* 11(1) , 2012.

[225] Liu Y. , Mezei J. , Kostakos V. , et al. , "Applying Configurational Analysis to IS Behavioural Research: A Methodological Alternative For Modelling Combinatorial Complexities", *Information Systems Journal* 27(1) , 2017.

[226] De Luca L M. , Atuahene – Gima K. , "Market Knowledge Dimensions and Cross – Functional Collaboration: Examining the Different Routes to Product Innovation Performance", *Journal of Marketing* 71(1) , 2007.

［227］Luo Y. , "Dynamic Capabilities in International Expansion", *Journal of World Business* 35(4) , 2000.

［228］Makino S. , Beamish P W. , "Performance and Survival of Joint Ventures with Non – Conventional Ownership Structures", *Journal of International Business Studies* 29(4) , 1998.

［229］Makino S. , Lau C M. , Yeh R S. , "Asset – Exploitation Versus Asset – Seeking: Implications for Location Choice of Foreign Direct Investment from Newly Industrialized Economies", *Journal of International Business Studies* 33(3) , 2002.

［230］Mallon M R. , Fainshmidt S. , "Assets of Foreignness: A Theoretical Integration and Agenda for Future Research", *Journal of International Management* 23(1) , 2017.

［231］Mccarthy I P, Gordon B R. , "Achieving Contextual Ambidexterity in R&D Organizations: A Management Control System Approach", *R & D Management* 41(3) , 2011.

［232］Mathews J A. , "Dragon Multinationals: New Players in 21St Century Globalization", *Asia Pacific Journal of Management* 23(1) , 2006.

［233］March J G. , "Exploration and Exploitation in Organizational Learning", *Organization Science* 2(1) , 1991.

［234］March J G. , Simon H A. , *Organization*, New York: Wiley, 1958.

［235］McEvily S K. , Chakravarthy B. , "The Persistence of Knowledge – Based Advantage: An Empirical Test for Product Performance and Technological Knowledge", *Strategic Management Journal* 23(4) , 2002.

［236］Meschi P X. , Riccio E L. , "Country Risk, National Cultural Differences between Partners and Survival Of International Joint Ventures in Brazil", *International Business Review* 17(3) , 2008.

［237］Meyer K E. , Li C. , Schotter A P J. , "Managing the MNE Subsidiary: Advancing a Multi – Level and Dynamic Research Agenda", *Journal of International Business Studies* 51(4) , 2020.

［238］Miller S R. , Thomas D E. , Hitt E M. , "Knee Deep in the Big Muddy:

The Survival of Emerging Market Firms in Developed Markets", *Management International Review* 48(6), 2008.

[239] Misangyi V F., Acharya A G., "Substitutes Or Complements? A Configurational Examination of Corporate Governance Mechanisms", *Academy of Management Journal* 57(6), 2014.

[240] Misangyi V F., Greckhamer T., Furnari S., et al., "Embracing Causal Complexity: The Emergence of a Neo – Configurational Perspective", *Journal of Management* 43(1), 2017.

[241] Monteiro F., Birkinshaw J., "The External Knowledge Sourcing Process in Multinational Corporations", *Strategic Management Journal* 38(2), 2017.

[242] Morosini P., Shane S., Singh H., "National Cultural Distance and Cross – Border Acquisition Performance", *Journal of International Business Studies* 29(1), 1998.

[243] Mudambi R., Navarra, P., "Institutions and International Business: A Theoretical Overview", *International Business Review* 11(6), 2002.

[244] Murat M., Pistoresi B., "Migrant Networks: Empirical Implications for the Italian Bilateral Trade", *International Economic Journal* 23(3), 2009.

[245] Nahapiet J., Ghoshal S., "Social Capital, Intellectual Capital, and the Organizational Advantage", *Academy of Management Review* 23(2), 1998.

[246] Pan Y., Chi P S K., "Financial Performance and Survival of Multinational Corporations in China", *Strategic Management Journal* 20(4), 1999.

[247] Pattnaik C., Lee J Y., "Distance and Divestment of Korean MNC Affiliates: The Moderating Role of Entry Mode and Experience", *Asia Pacific Business Review* 20(1), 2014.

[248] Ordanini A., Parasuraman A., Rubera G., "When the Recipe is More Important than the Ingredients: A Qualitative Comparative Analysis (QCA) of Service Innovation Configurations", *Journal of Service Research* 17(2), 2014.

[249] Pappas I O., Giannakos M N., Sampson D G., "Making Sense of Learning Analytics with a Configurational Approach", Paper Presented at

the Proceedings of the Workshop on Smart Environments and Analytics in Video – Based Learning(SE@ VBL) , 2016.

[250] Pappas I O. , Giannakos M N. , Sampson D G. , "Fuzzy Set Analysis as a Means to Understand Users of 21st – Century Learning Systems: The Case of Mobile Learning and Reflections on Learning Analytics Research", *Computers in Human Behavior* 92, 2019.

[251] Pappas I O. , Kourouthanassis P E. , Giannakos M N. , et al. , "Explaining Online Shopping Behavior with Fsqca: The Role of Cognitive and Affective Perceptions", *Journal of Business Research* 69(2) , 2016.

[252] Pappas I O. , Papavlasopoulou S. , Mikalef P. , et al. , "Identifying the Combinations of Motivations and Emotions for Creating Satisfied Users in SNSs: An fsQCA Approach", *International Journal of Information Management* 53, 2020.

[253] Peng M W. , "Towards an Institution – Based View of Business Strategy", *Asia Pacific Journal of Management* 19(2 – 3) , 2002.

[254] Peng G Z. , Beamish P W. , "Subnational FDI Legitimacy and Foreign Subsidiary Survival", *Journal of International Management* 25(3) , 2019.

[255] Peng M W. , Heath P S. , "The Growth of the Firm in Planned Economies in Transition: Institutions, Organizations, and Strategic Choice", *Academy of Management Review* 21(2) , 1996.

[256] Peng M W. , Luo Y. , "Managerial Ties and Firm Performance in a Transition Economy: The Nature of a Micro – Macro Link", *Academy of Management Journal* 43(3) , 2000.

[257] Peng M W. , Sun S L. , Pinkham B. , et al. , "The Institution – Based View as a Third Leg for a Strategy Tripod", *Academy of Management Perspectives* 23(3) , 2009.

[258] Peng M W. , Wang D Y L. , Jiang Y. , "An Institution – Based View of International Business Strategy: A Focus on Emerging Economies", *Journal of International Business Studies* 39(5) , 2008.

[259] Peteraf M A. , "The Cornerstones of Competitive Advantage: A Re-

source – Based View", *Strategic Management Journal* 14(3), 1993.

[260] Pedersen T., Petersen B., Benito G R G., "Change of Foreign Opera-
tion Method: Impetus and Switching Costs", *International Business Review*
11(3), 2002.

[261] Petersen B., Pedersen T., "Coping with Liability of Foreignness: Differ-
ent Learning Engagements of Entrant Firms", *Journal of International Man-
agement* 8(3), 2002.

[262] Pennings J M., Barkema H., Douma S., "Organizational Learning and
Diversification", *Academy of Management Journal* 37(3), 1994.

[263] Plewa C., Ho J., Conduit J., et al., "Reputation in Higher Education:
A Fuzzy Set Analysis of Resource Configurations", *Journal of Business Re-
search* 69(8), 2016.

[264] Pogrebnyakov N., Maitland C F., "Institutional Distance and the Inter-
nationalization Process: The Case of Mobile Operators", *Journal of Interna-
tional Management* 17(1), 2011.

[265] Powell W W., Koput K W., Smith – Doerr L., "Interorganizational
Collaboration and the Locus of Innovation: Networks of Learning in Bi-
otechnology", *Administrative Science Quarterly* 41(1), 1996.

[266] Pradhan J P., Singh N., "Outward FDI and Knowledge Flows: A Study
of the Indian Automotive Sector", *Mpra Paper* 1(1), 2008.

[267] Ragin, C. C., "Set Relations in Social Research: Evaluating their Con-
sistency and Coverage", *Political Analysis* 14(3), 2006.

[268] Ragin, C. C., *Redesigning Social Inquiry: Fuzzy Sets and Beyond*, Chicago:
University of Chicago Press, 2008.

[269] Ragin, C. C. & Fiss, P. C., "Net Effects Analysis Versus Configurational
Analysis: An Empirical Demonstration", In C. C. Ragin(Eds.), *Redesign-
ing Social Inquiry: Fuzzy Sets and Beyond*, Chicago: University of Chicago
Press, 2008.

[270] Rauch J E., Trindade V., "Ethnic Chinese Networks in International
Trade", *Nber Working Papers* 84(1), 1999.

［271］ Regner P. , Zander U. , "Knowledge and Strategy Creation in Multinational Companies", *Management International Review* 51(6), 2011.

［272］ Rihoux, B. & Ragin, C. C. , "Configurational Comparative Methods Qualitative Comparative Analysis (QCA) and Related Techniques ", Thousand Oaks, CA: Sage, 2009.

［273］ Rosenbusch N. , Gusenbauer M. , Hatak I. , et al. , "Innovation Offshoring, Institutional Context and Innovation Performance: A Meta – Analysis", *Journal of Management Studies* 56(1), 2019.

［274］ Rotter J B. , "Generalized Expectancies for Internal Versus External Control Of Reinforcement", *Psychological Monographs: General and Applied* 80(1), 1966.

［275］ Rottig, D. , *Institutional Distance, Social Capital, and The Performance of Foreign Acquisitions in the United States*, Florida: Florida Atlantic University, 2008.

［276］ Rowley T. , Behrens D. , Krackhardt D. , "Redundant Governance Structures: An Analysis of Structural and Relational Embeddedness in the Steel and Semiconductor Industries ", *Strategic Management Journal* 21 (3), 2000.

［277］ Schneider M R. , Schulze – Bentrop C. , Paunescu M. , "Mapping the Institutional Capital of High – Tech Firms: A Fuzzy – Set Analysis of Capitalist Variety and Export Performance", *Journal of International Business Studies* 41(2), 2010.

［278］ Schotter A. , Beamish P W. , "Performance Effects of MNC Headquarters – Subsidiary Conflict and the Role of Boundary Spanners: The Case of Headquarter Initiative Rejection", *Journal of International Management* 17(3), 2011.

［279］ Schweizer R. , Vahlne J E. , Johanson J. , "Internationalization as an Entrepreneurial Process", *Journal of International Entrepreneurship* 8(4), 2010.

［280］ Sears J. , Hoetker G. , "Technological Overlap, Technological Capabilities, and Resource Recombination in Technological Acquisitions", *Strategic Management Journal* 35(1), 2014.

[281] Shaver J M. , "Accounting for Endogeneity When Assessing Strategy Performance: Does Entry Mode Choice Affect FDI Survival?", *Management Science* 44(4), 1998.

[282] Shirodkar V. , Konara P. , "Institutional Distance and Foreign Subsidiary Performance in Emerging Markets: Moderating Effects of Ownership Strategy and Host – Country Experience", *Management International Review* 57(2), 2017.

[283] Shyam Kumar M V. , "The Value from Acquiring and Divesting a Joint Venture: A Real Options Approach", *Strategic Management Journal* 26(4), 2005.

[284] Siotis G. , "Foreign Direct Investment Strategies and Firms'Capabilities", *Journal of Economics & Management Strategy* 8(2), 2010.

[285] Slangen A H L. , Hennart J F. , "Do Foreign Greenfields Outperform Foreign Acquisitions or Vice Versa? An Institutional Perspective", *Journal of Management Studies* 45(7), 2008.

[286] Stahl G K. , Tung R L. , "Towards a More Balanced Treatment of Culture in International Business Studies: The Need for Positive Cross – Cultural Scholarship", *Journal of International Business Studies* 46(4), 2015.

[287] Stahl G K. , Voigt A. , "Do Cultural Differences Matter in Mergers and Acquisitions? A Tentative Model and Examination", *Organization Science* 19(1), 2008.

[288] Stock J H. , Yogo M. , "Testing for Weak Instruments in Linear IV Regression", *Nber Technical Working Papers* 14(1), 2005.

[289] Stoian C. , Mohr A. , "Outward Foreign Direct Investment from Emerging Economies: Escaping Home Country Regulative Voids", *International Business Review* 25(5), 2016.

[290] Strauss A. L. , Corbin J. M. , *Grounded Theory in Practice*, Thousand Oaks: Sage Publications, 1997.

[291] Song S. , "Entry Mode Irreversibility, Host Market Uncertainty, and Foreign Subsidiary Exits", *Asia Pacific Journal of Management* 31(2), 2014.

［292］ Tihanyi L. , Griffith D A. , Russell C J. , "The Effect of Cultural Distance on Entry Mode Choice, International Diversification, and MNE Performance: A Meta – Analysis", *Journal of International Business Studies* 36(3), 2005.

［293］ Tippmann E. , Scott P S. , Mangematin V. , "Subsidiary Managers' Knowledge Mobilizations: Unpacking Emergent Knowledge Flows", *Journal of World Business* 49(3), 2014.

［294］ Trąpczyński P. , Gorynia M. , "A Double – Edged Sword? The Moderating Effects of Control on Firm Capabilities And Institutional Distance in Explaining Foreign Affiliate Performance", *International Business Review* 26 (4), 2017.

［295］ Annique Un. , Rodríguez, Alicia. , "Local and Global Knowledge Complementarity: R&D Collaborations and Innovation of Foreign and Domestic Firms", *Journal of International Management* 24(2), 2018.

［296］ Uzzi B. , "Social Structure and Competition in Interfirm Networks: The Paradox of Embeddedness", in *The Sociology of Economic Life*, Routledge, 2018.

［297］ Vahter P. , Masso J. , "Home Versus Host Country Effects of FDI: Searching for New Evidence of Productivity Spillovers", *Bank of Estonia Working Papers* 53(2), 2006.

［298］ Vermeulen F. , Barkema H. , "Learning Through Acquisitions", *Academy of Management journal* 44(3), 2001.

［299］ Very P. , Lubatkin M. , Calori R. , "A Cross – National Assessment of Acculturative Stress in Recent European Mergers", *International Studies of Management & Organization* 26(1), 1996.

［300］ Wan W P. , "Country Resource Environments, Firm Capabilities, and Corporate Diversification Strategies", *Journal of Management Studies* 42 (1), 2005.

［301］ Wang Y. , Kung L A. , Gupta S. , et al. , "Leveraging Big Data Analytics to Improve Quality of Care in Healthcare Organizations: A Configurational Perspective", *British Journal of Management* 30(2), 2019.

[302] Wang Y. , Larimo J. , "Subsidiary Survival Of Multinational Enterprises in China: An Analysis of Nordic Firms", in *The Rise of Multinationals from Emerging Economies*, Palgrave Macmillan, 2015.

[303] Wellman B. , "Structural Analysis: From Method and Metaphor to Theory and Substance", in *Social Structures: A Network Approach*, CUP Archive, 1988.

[304] Woodcock C P. , Beamish P W. , Makino S. , "Ownership – Based Entry Mode Strategies and International Performance", *Journal of International Business Studies* 25(2) , 1994.

[305] Woodside A G. , "Embrace Perform Model: Complexity Theory, Contrarian Case Analysis, And Multiple Realities", *Journal of Business Research* 67(12) , 2014.

[306] Woodside, A. G. (Eds.). , "The Complexity Turn: Cultural, Management, and Marketing Applications", Springer, 2017.

[307] Wu Z – Y. , "Three Essays on Distance: Examining the Role of Institutional Distance on Foreign Firm Entry, Local Isomorphism Strategy and Subsidiary Performance", *Ph. D. Diss.* , University of Southern California, 2009.

[308] Wu P L. , Yeh S S. , Woodside A G. , "Applying Complexity Theory to Deepen Service Dominant Logic: Configural Analysis of Customer Experience – and – Outcome Assessments of Professional Services for Personal Transformations", *Journal of Business Research* 67(8) , 2014.

[309] Xia J. , Ma X. , Lu J W. , et al. , "Outward Foreign Direct Investment by Emerging Market Firms: A Resource Dependence Logic", *Strategic Management Journal* 35(9) , 2014.

[310] Xin, L. , "A Study on the Relationship between Embeddedness and Enterprise Management Performance—Based on Analysis of the Small and Medium – sized Listed Companies", *Ph. D. Diss.* , Soochow University, 2011.

[311] Xu D. , Shenkar O. , "Institutional Distance and the Multinational Enterprise", *Academy of Management Review* 27(4) , 2002.

[312] Xu D. , Meyer K E. , "Linking Theory and Context: ' Strategy Research in Emerging Economies' After Wright et Al. (2005) ", *Journal of Management Studies* 50(7), 2013.

[313] Yalcinkaya G. , Calantone R J. , Griffith D A. , "An Examination of Exploration and Exploitation Capabilities: Implications for Product Innovation and Market Performance", *Journal of International Marketing* 15(4), 2007.

[314] Yi C. , Xu X. , Chen C. , et al. , "Institutional Distance, Organizational Learning, and Innovation Performance: Outward Foreign Direct Investment by Chinese Multinational Enterprises", *Emerging Markets Finance and Trade* 56(2), 2020.

[315] Zaheer S. , Schomaker M S. , Nachum L. , "Distance without Direction: Restoring Credibility to a Much – Loved Construct", *Journal of International Business Studies* 43(1), 2012.

[316] Zeng Y. , Shenkar O. , Lee S H. , et al. , "Cultural Differences, MNE Learning Abilities, and the Effect of Experience on Subsidiary Mortality in a Dissimilar Culture: Evidence from Korean MNEs", *Journal of International Business Studies* 44(1), 2013.

[317] Zhou N. , Guillen M F. , "Categorizing the Liability of Foreignness: Ownership, Location, and Internalization – Specific Dimensions", *Global Strategy Journal* 6(4), 2016.

[318] Zhou Y. , Lu L. , Chang X. , "Averting Risk or Embracing Opportunity? Exploring the Impact of Ambidextrous Capabilities on Innovation of Chinese Firms in Internationalization", *Cross Cultural & Strategic Management* 23(4), 2016.

后　记

海外华侨华人熟悉所在国经济、文化和社会环境，是中国企业融入全球经济的重要合作伙伴和中介。学术界对海外华侨华人网络在中国企业"走出去"区位选择中的重要作用也已经有所关注，相关文献增加较快。然而，中国企业"走出去"的经营成效并不乐观。近年来，学术界开始关注中国企业"走出去"之后"走下去"的问题。获取国际竞争新优势是新时代中国推进"走出去"战略的重要目标之一。党的十九大报告也强调要"创新对外投资方式"，"加快培育国际经济合作和竞争新优势"。在上述理论与现实背景下，研究分布全球的华侨华人网络对中国跨国企业海外子公司绩效和 OFDI 创新效应的机制机理，探究中国跨国企业既要"走出去"，还要"走下去"与"走上去"的政策和管理建议，具有重要的理论价值与现实意义。我们申报的课题顺利获得国家社科基金重点项目资助，课题主持人为衣长军，成员包括陈初昇、张吉鹏、王娜、李凝、康青松、陈怀涛、陈静、黄健、占云、黄娱、王玉敏等。课题研究得到了郭克莎、龙登高两位专家学者的指导、支持和帮助，在此我们向他们致以最诚挚的谢意！课题立项后，我们完成了多次调研访谈，获得了非常宝贵的第一手资料。调研访谈对于优化课题研究思路、凝练课题理论现实意义起到了重要作用，在此对接受我们调研访谈的企业界人士致以诚挚的感谢。另外，在课题研究的各个阶段以及写作过程中，我们受益于专家学者们的相关研究文献，在此亦表示衷心的感谢。

在国家社科基金的资助下，课题组已在 *Management Decision* 等 SSCI 期刊发表论文 2 篇，在《国际贸易问题》、《经济评论》、《浙江大学学报》（人文社会科学版）等 CSSCI 期刊共发表论文 5 篇。这些论文构成了本书的重要组成部分，以上期刊的编辑、匿名审稿人的宝贵意见在完善本书内容方面起到了非常重要的作用，在此我们表示衷心的感谢。课题组成员多次参加国际商务管理、国际经济与贸易学术研讨会，有3篇论文分别获学会一等奖、三等奖。感谢各位与会专家学者对我们提交论文的肯定和提出的宝贵意见。课题组有2篇成果专报件获得省部级批示，有1篇论文获得省部级社科优秀成果三等奖，我们对此也表示衷心的感谢。

课题研究经历了大约3年，参与课题研究的成员包括多名博士研究生和硕士研究生，已毕业1名博士研究生和6名硕士研究生，其中2名硕士研究生分别考取了南开大学和暨南大学的博士。本书凝聚了团队的努力和合作，在此，我们要特别感谢团队成员持续的付出和努力。

社会科学文献出版社编辑高媛老师精心审读和校对了书稿，为本书的出版做了大量工作。在此，我们表示衷心的感谢。最后，我们要感谢各位同事、亲人、朋友，你们的支持让我们心无旁骛地完成著作。

衣长军　张吉鹏

2022.10

图书在版编目（CIP）数据

海外华侨华人网络与中国企业"走出去"绩效研究 /
衣长军，张吉鹏著 . --北京：社会科学文献出版社，
2023.6
　（华侨大学哲学社会科学文库 . 管理学系列）
　ISBN 978 - 7 - 5228 - 2129 - 0

　Ⅰ.①海…　Ⅱ.①衣…②张…　Ⅲ.①企业 - 对外投
资 - 企业绩效 - 研究 - 中国　Ⅳ.①F279.247

　中国国家版本馆 CIP 数据核字（2023）第 131198 号

华侨大学哲学社会科学文库·管理学系列
海外华侨华人网络与中国企业"走出去"绩效研究

著　　者 / 衣长军　张吉鹏

出 版 人 / 王利民
责任编辑 / 高　媛
责任印制 / 王京美

出　　版 / 社会科学文献出版社·政法传媒分社（010）59367126
　　　　　地址：北京市北三环中路甲 29 号院华龙大厦　邮编：100029
　　　　　网址：www.ssap.com.cn
发　　行 / 社会科学文献出版社（010）59367028
印　　装 / 三河市东方印刷有限公司

规　　格 / 开　本：787mm × 1092mm　1/16
　　　　　印　张：13.25　字　数：205 千字
版　　次 / 2023 年 6 月第 1 版　2023 年 6 月第 1 次印刷
书　　号 / ISBN 978 - 7 - 5228 - 2129 - 0
定　　价 / 88.00 元

读者服务电话：4008918866